基于自组织理论的体育小微企业发展动力机制研究

周群英 沈卫珍 杨 帆 ◎著

吉林大学出版社

·长春·

图书在版编目(CIP)数据

基于自组织理论的体育小微企业发展动力机制研究 / 周群英，沈卫珍，杨帆著. -- 长春：吉林大学出版社，2022.10

　　ISBN 978-7-5768-1092-9

　　Ⅰ.①基… Ⅱ.①周…②沈…③杨… Ⅲ.①体育产业－中小企业－企业发展－研究－中国 Ⅳ.①G812 ②F279.243

中国版本图书馆CIP数据核字(2022)第217481号

书　　名	基于自组织理论的体育小微企业发展动力机制研究 JIYU ZIZUZHI LILUN DE TIYU XIAO-WEI QIYE FAZHAN DONGLI JIZHI YANJIU
作　　者	周群英　沈卫珍　杨帆
策划编辑	李伟华
责任编辑	李伟华
责任校对	周鑫
装帧设计	左图右书
出版发行	吉林大学出版社
社　　址	长春市人民大街4059号
邮政编码	130021
发行电话	0431-89580028/29/21
网　　址	http://www.jlup.com.cn
电子邮箱	jdcbs@jlu.edu.cn
印　　刷	湖北诚齐印刷股份有限公司
开　　本	787mm×1092mm　1/16
印　　张	10.5
字　　数	200千字
版　　次	2022年10月　第1版
印　　次	2022年10月　第1次
书　　号	ISBN 978-7-5768-1092-9
定　　价	68.00元

版权所有　翻印必究

作者简介
AUTHOR

周群英（1979.03—），女，汉族，重庆开州人，研究生学历，职称是副教授，研究方向是大学体育教学、健康管理、运动营养、职业技术教育。管理学博士，泸州职业技术学院副教授；中国教育学会会员，中国教育智库联盟白丁智库专家。主持四川省社科规划课题"新时代民办高等教育从规模增长向高质量发展的动力转换与治理创新研究"（SC20B108），四川省教育厅科研项目"职业生涯团体辅导培养大学生职业核心能力的实证研究"（18SB0760），四川省社会科学重点研究基地四川县域经济发展研究中心项目"县域创业环境对大学生创业选择的吸引力研究"（xy2020010）等省部级和省厅级课题9项。出版《教育新常态理论与创新创业教育融合研究》《大学生创新与创业管理》等著作4部；在《湖北社会科学》《科学管理研究》《贵州民族研究》《统计与决策》等CSSCI和北大核心发表论文20余篇。

沈卫珍（1972.03—），女，汉族，四川新津人，研究生学历，硕士学位，四川外国语大学副教授，研究方向是体育教学与训练。近年来公开发表学术论文20余篇，其中，《我国优秀女子足球运动员比赛体能研究》发表在《成都体育学院学报》，《从文化人类学视角探讨高跷的起源与文化传播》发表在《浙江体育科学》，《西部农村中学学生体育卫生知识掌握状况实证研究》发表在《教学与管理》，《少数民族传统体育文化保护的问题与对策》发表在《贵州民族研究》，《东晋南朝上流社会高雅体育活动小考》发表在《兰台世界》。

杨帆（1981.12—），男，汉族，四川新津人，研究生学历，硕士学位，四川外国语大学讲师，体育课教研室主任，武术一级裁判，研究方向是体育教学与训练、武术理论与实践。2007年6月毕业于重庆三峡学院体育教育专业，2010年6月毕业于重庆大学研究生院体育教育专业。获得重庆市第四届高校青年体育教师基本功比赛一等奖。公开发表学术论文10余篇，其中，《大学生武术俱乐部体制构建研究》《文化自觉视阈下的高校武术教学研究》发表在《武术研究》，《体育专项课程背景下大学生体质健康的多重比较分析》《高校体育教学增加心肺复苏培训的研究》发表在《体育世界（学术版）》，《高校公共体育课程的开展对大学生体质健康状况影响的研究——以重庆市为例》发表在《广州体育学院学报》，《城市马拉松赛事的热表征与冷思考》发表在《南京体育学院学报（社会科学版）》。

前 言
PREFACE

作为中小企业中的重要群体,在体育产业领域,体育小微企业无疑成为推动行业发展的重要载体。2014年国务院在公开发布的《关于加快发展体育产业促进体育消费的若干意见》中,明确提出了培育多元市场主体,鼓励社会力量参与,引导企业做强做精,扶持一批具有市场潜力的中小企业的任务。这是第一次在国家层面的文件中提及体育小微企业的发展问题,足以证明国家从主体地位上明确了体育小微企业的"身份"。

虽然体育小微企业在社会经济发展中的贡献和地位在不断提升,但受自身条件影响,如人才流失快以及外部因素,如市场融资环境差等因素的限制,其成长状况令人担忧。即便如此,一部分体育小微企业仍以惊人的速度成长。那么是什么原因导致不同体育小微企业成长的差异如此之大,影响体育小微企业成长发展的主要因素又有哪些?解决好这些问题在关系着体育小微企业自身能否取得长足发展的同时,也关系着体育产业能否真正取得实质性突破的问题。因此,将体育小微企业的成长问题作为研究对象进行研究,梳理影响其成长的因素,对于促进我国体育产业发展具有重要的现实意义。因此,本研究通过对体育小微企业的调查研究,希望从理论层面总结体育小微企业成长的困难问题,促进我国体育产业成为区域经济社会持续发展的重要力量。

然而,在可查阅的相关研究文献中,有关体育小微企业的研究少之又少。在加快推进体育强国建设和健康中国建设的时代背景下,中国体育产业迎来了黄金时期,体育小微企业的发展现状如何,如何借助良好机遇加快其发展进程,实现可持续发展的目标,就必须进行深入研究,为体育小微型企业的发展提供理论支持。本专著基于自组织理论,在分析国内外发展现状基础上总结了四川省体育小微企业发展趋势,提出了体育小微企业的组织结构及组织产生的内部条件及外部条件;重点研究了体育小微企业发展的动力转换,为我国体育小微企业发展的动力机制提供了一个参考模式。

目录 CONTENTS

第一章 体育小微企业协同发展的理论研究 ·········001
第一节 体育小微企业关键概念阐释 ·········001
第二节 体育小微企业协同发展的理论依据 ·········006
第三节 体育小微企业协调发展的可行性与必要性 ·········015

第二章 体育小微企业的组织结构及自组织产生的内部条件 ·········042
第一节 体育小微企业的组织结构 ·········042
第二节 体育小微企业的成员构成研究 ·········053
第三节 影响体育小微企业发展的序参量分析 ·········056
第四节 影响体育小微企业发展的因素分析及促进其发展的建议 ·········073

第三章 体育小微企业自组织产生的外部条件 ·········079
第一节 有关政策对体育小微企业系统的影响 ·········079
第二节 外部资源对体育小微企业系统的影响 ·········110
第三节 信息对体育小微企业系统的影响 ·········116

第四章 体育小微企业发展的动力转换研究——以四川省为例 ·········125
第一节 体育小微企业发展动力转换的条件 ·········125
第二节 体育小微企业发展动力转换的障碍 ·········129
第三节 体育小微企业发展动力转换的对策 ·········131

第五章 体育小微企业发展的动力机制研究 ·········141
第一节 体育小微企业动力机制概述 ·········141

第二节 体育小微企业动力结构分析 …………………………………… 142
第三节 体育小微企业动力机制的实现 …………………………………… 151

参考文献 …………………………………………………………… 157

第一章 体育小微企业协同发展的理论研究

第一节 体育小微企业关键概念阐释

一、小微企业

关于小微企业,不同的国家在不同的发展阶段,对其进行的界定标准也存在差异。国际认定标准在对其进行划分时,主要是基于公司的资产规模、营业收入以及从业数量这三个视角进行的。小微企业的认定标准也会因行业不同、地域和经济环境不同、时期不同存在较大差异,因此没有统一的认定标准。在1953年美国就出台了《小微企业法》,认为小微企业由小型和微型两种构成,其中,小型企业即不具有主体地位自主经营的企业;微型企业即员工数量少于10人独立经营的企业。之后,美国主要基于从业数量和营业收入这两个视角对小微企业进行了界定。我国金融领域最早在1986年开始关注小微企业,并研究其划分标准。我国在1988年关于大中小型企业出台了相应的《大中小型工业企业划分标准》,首次基于年销售额和总资产额对划分标准进行了明确,认为企业包括特大型、大型、中型、小型企业四种。由于我国当时的经济中,工业企业数量最多,因此,将工业企业作为划分对象。

我国加入世界贸易组织(WTO)后,在不断扩大贸易供给和需求,提升我国的贸易水平和企业的环境条件下,需要我们重新规划企业的划分标准。我国国家经贸委、国家计委、财政部、国家统计局在2003年研究制订了关于中小企业的标准,出台了《中小企业标准暂行规定》,该规定在对企业级别进行划分时,主要基于销售额、总资产规模以及员工数量这三个视角。根据该规定中要求的划分标准,首先对中型企业进行了确定,剩下的就为小型企业。然而,这一划分标准由于仅包括住宿餐饮、建筑、工业以及交通等行业,具有较大的局限性。我国在2013年后,关于中小企业又出台了《中小企业划型标准规定(2011)》,这一规定是以资产总额、从业人员、营业收入作为划分依据,并且涵盖了全部的行业。为了更加精准地指导企业实践和改进企业经营环境,在该规定中首次将小型企业分为"小型企业"和"微型企业",将中小企业划分为三个级别:中型、小型和微型企业。我国工业和信息化部基于营业收入和员工人数又进行了划分,将我国全部行业中的企业细分为大型、中型、小型和微型企业这四个级别。国家统计局发布的《统计上大中小微型企业划分办法(2017)》要求小微企业需符合:一是,工业企业应该缴纳的所得税额年度不能高于30万元,员工人数不能高于100人,资产规模不能高于3000万元;二是,其他企业应该缴纳的所得税额年度不能高于30万元,员工人数不能高于80人,资产规模不能高于1000万元。

我国税务总局2019年关于小微企业普惠性税收出台了相应的《税务总局关于实施小微企业普惠性税收减免政策的通知》,该通知对小型微利企业进行了界定,该通知主要是从年利润、从业人数等方面作为划分依据,并且包含了所有的行业,国家限制或禁止的行业除外。这一通知中的小型微利企业即那些缴纳的所得税额低于300万元、员工数量少于300人、资产规模小于5000万元的公司,这三个条件要能同时满足。对比2017年的规定,2019年的小微企业的认证条件更加宽泛,符合2017的标准,一定符合2019的小微企业认证标准。

二、各国界定中小企业的标准

一般来说,各国对中小企业的界定有定量和定性两种方法。定量方法主要从雇员人数、资本(资产)额以及营业额三方面进行界定。这些数量标准是相对的,会因国家、地区、行业和经济发展水平的不同而有较大的差异。目前,各国普遍运用这几个标准之一或多个标准的组合来界定中小企业。有些国家在选用定量标准的同时,也对中小企业进行了定性的规定,一般定性界定标准包括三个特征,要看是不是独立所有(如要求业主持有50%以上的股权)、自主经营(要求业主本人控制自己的企业)、较小市场份额(如要求在其经营领域不占垄断地位、不能以资本市场融资等)。

在社会认同和制定扶持政策的实践中,对中小企业也有广义和狭义两种理解。广义的中小企业,一般是指除国家确认的大型企业之外的所有企业,包括中型企业、小型企业和微型企业。狭义的中小企业则不包括微型企业。

我国对企业的界定先后经过几次调整。新中国成立初期,我国曾按固定资产价值划分企业规模。1962年,改为按人员标准对企业规模进行划分。1978年,国家计委把划分企业规模的标准改为"综合生产能力"。1988年,由划分企业类型协调小组会同国家经委、国家计委、国家统计局、财政部、劳动人事部、全国工业普查办公室等综合部门,结合当时实际情况,经过协调平衡,做了必要调整与补充,经国务院原则同意,由国家经委、国家计委、国家统计局、财政部和劳动人事部发布,作为全国工业企业划分大中小型规模的统一标准。按不同行业的不同特点做了分别划分,划分的依据主要有以实物产量反映的生产能力和固定资产原值。企业规模分为4类6档:特大型、大型(大型一档、大型二档)、中型(中型一档、中型二档)、小型,具体标准共计150个行业标准。当时,中小企业一般指中二类和小型企业。1992年,全国划分企业类型协调小组又对这一标准进行了补充,以国经贸企〔1992〕176号文件予以发布。新补充的标准与原标准具有同样效力,统称为《大中小型工业企业划分标准》。全国划分工业企业大中小型规模统一按照此标准严格执行。另外,该标准适应范围以全部工业生产企业的基层统计单位为划分单位,不论企业隶属于哪个部门,均应按其所属行业统一标准执行。例如电子、核工、煤炭、冶金等部门所属的仪器、仪表行业企业均按机械工业行业中仪器仪表企业的标准执行;该标准依企业生产规模划分为特大型、大型(分为大一、大二两档)、中型(分为中一、中二两档)、小型4个类型。标准规定,凡产品单一的行业,能以产品生产能力划分的必须按产品设计生产能力或查定生产能力划分;凡产品品种繁多,难以按产品生产能力划分的则以生产用固定资产原值作为划分标准,有特殊规定的除外。1999年划分标准再次做了修改,将销售收入和资产总额作为主要考察指标,将企业分为特大型、大型、中型、小型4类。2003年5月22日,国家统计局设管司发布了最新的《统计上大中小型企业划分办法(暂行)》。

《中华人民共和国中小企业促进法》(以下简称《中小企业促进法》)已由中华人民共和国第九届全国人民代表大会常务委员会第二十八次会议于2002年6月29日通过,自2003年1月1日起施行。《中小企业促进法》以法律的形式规定了中小企业的权利和国家扶持中小企业发展的制度措施,为全面推进中小企业的发展奠定了法律基础。随着《中小企业促进法》的出台,制定《中小企业促进法》配套法规、政策文件的工作正在抓紧进行。许多问题仍有待进一步作出具体化的规范,如中小企业的标准、中小企业发展基金的设立和使用管理办法、中小企业信用担保管理办法以及特定中小企业税收优惠办法等。国家经贸委将对大中小企业的划分标准重新界定,将会考虑从业人数、销售额、资产总额三项指标和行业特点,覆盖工业、商业、建筑业、社会服务业和运输邮电业。

三、体育创业型小微企业

(一)内涵

体育类创业型小微企业,即创业者或创业团队(大于等于1人,小于100人,年限小于10年)通过自身首次的创业行为所建立的,将企业成长与获取利润作为愿景目标,属于青春期及青春期之前不断摸索逐步走上正轨的,具有高风险性、高成长性,提供体育产品或服务的体育企业。[①] 笔者所研究的体育类创业型小微企业属于小微体育企业中不可或缺的重要部分,它极大地推动了体育运动的全民普及,提升了全民的健康意识,为擅长体育的人提供了更多的就业平台与机遇。全民健康是实现中国梦的一个重要环节,这类企业从发展现状来看深受人们欢迎,但该类企业还存在着创业起步相对简单,规模不大,活力不强,体制机制不完善,发展壮大困难的现象,尚不能满足人民群众日益增长的多层次、多样化的体育需求。

(二)外延

体育创业型小微企业首先是体育企业,它的所提供的产品和服务在一定程度上都具有体育的特征,是以满足从事体育活动的消费者的各种各样的体育需求为目的的,是围绕体育强国这一主要目标来进行的,与其他类型的企业是不同的。

---

①《统计上大中小企业划分方法(2017)》

体育创业型小微企业也是创业型企业,它有创业型企业都具有的高风险、高成长性与灵活性。它的规模较小,意味着它能够比较好地对市场的变化做出很好的反应。另外,它还具有较强的纠错能力,当然这是将极其激进的冒险主义者排除在外的。大多数创业型企业在它的孕育期是经过了大量的考察与风险的衡量的。一旦进入婴儿期,它将试探着开始运营,并在一步步成长的过程中发现问题,解决问题,逐渐建立企业的管理机制和体系。

四、体育小微企业的可持续成长

汤学俊在《企业可持续成长的途径》一书中认为,企业可持续成长是指企业在追求长盛不衰的过程中,既要考虑近期利润的增加和市场的扩大,又要考虑长期持续的盈利增长,以及建立和维持与社会经济发展良好的公共关系,以不断实现企业质量互变、螺旋上升的生命成长过程。[1]该定义包括了以下四层内涵:①企业是追求经济效益与社会效益相统一的经济实体,所以企业可持续成长的过程是经济效益与社会效益内在统一的过程;②企业是追求质的提升与量的扩大相统一的经济实体,所以企业可持续成长的过程是企业质量互变、螺旋式上升的过程;③企业是追求短期利润与长期可持续成长相统一的经济实体,所以企业的可持续成长是短期利益与长期利益相协调平衡发展的过程;④企业是追求长久发展的生命有机体,所以企业的可持续成长过程是不断进化演变的过程。

汤学俊对于企业可持续成长的定义相对来说是比较权威的,因此笔者结合研究的需求提出体育创业型小微企业的可持续成长即体育创业型小微企业作为追求长久发展的生命有机体,在市场竞争中兼顾经济效益与社会效益的协调统一,谋求持续存活,由小到大、由弱到强不断进行量的扩张与质的飞跃的成长过程。

---

[1]汤学俊. 企业可持续成长的途径[M]. 北京:社会科学文献出版社,2007:65-66.

第二节 体育小微企业协同发展的理论依据

一、小微企业成长理论

(一)传统企业成长理论

传统企业成长理论是从经济学这一视角进行研究的,主要包括古典经济学和新古典经济学、新制度经济学、企业成长资源以及成长能力等几种理论。古典经济学家亚当·斯密提出了社会分工的成长理念[1],他强调社会分工能有效地提高劳动生产率,进而引发企业的规模经济效应,促进企业成长。古典经济学企业成长理论由于没有对企业成长中环境这一因素的影响进行考虑,因此存在局限性。

阿尔弗雷德·马歇尔在分析企业成长的原因时,认为内外部经济以及企业家是推动其成长的主要因素,在其成长的过程中,其经营规模也相应地得到了扩大。企业在扩大规模时,外部环境为其提供相应的市场空间;内部环境为其提供超额利润;企业家主要是发挥自身的主观控制作用[2]。

基于古典经济学相关的研究,19世纪新古典经济学开始出现。该理论以"理性经济人""经济最大化"为基本假设,认为企业成长的规模最优化是在企业生产要素不断调整中实现的。20世纪,考虑到外部环境因素,学者们在经济学中引入"制度"因素,从而诞生了新制度经济学理论。该理论认为人们对市场信息的获得性有限,因而产生了交易成本,而交易成本则直接影响企业的成长。新制度经济学家罗纳德·哈里·科斯基于交易成本的考量,认为企业存在规模扩大的影响因素,在降低交易成本和提高效率的条件下是有利于企业成长的。

关于企业成长,上述理论认为这是一个机械的静态过程,仅考虑到了规模的影响,关于内外部影响因素并未进行考虑。然而,企业在实际中的成长受多种因素的影响,不仅包括内部环境,还包括外部环境,是多种因

---

[1] (英)亚当·斯密;孙羽译. 国民财富的性质和原因的研究[M]. 北京:中国社会出版社,1999:67-68.
[2] (英)阿尔弗雷德·马歇尔;高建刚编译. 经济学原理全新插图普及本[M]. 北京:中国工人出版社,2016:102-103.

素综合影响下形成的。在古典经济学和新古典经济学之后,随着学者们研究的不断深入,20世纪80年代企业成长能力和资源这两个理论开始形成。企业成长资源论来源于1871年李嘉图提出企业能够通过利用自身具有的稀缺资源获得相应的超额利润。据此,安蒂思·潘罗斯提出了"资源—成长"的企业成长理论,研究提出企业的成长和发展需要金融、物质以及人力等资源的支持,且这些资源的质量会对其成长空间产生较大的影响。如果企业的内外环境是一致的,且协调发展,则有助于推动其成长;如果企业的内外环境是不一致的,则正好制约其成长。由此可知,企业的成长过程是不断发展变化的,是动态发展的,是内外环境共同作用形成的一种结果。

普拉哈拉德作为企业成长能力理论的代表,其在研究企业成长时,提出其核心能力的构建是推动其成长的根本因素,企业较高的核心能力有助于其在市场中占据优势地位,进而提高自身的市场份额和优势[1]。蒂斯(Teece)在研究时,对公司的外部环境以及具有的内部能力进行了考虑,进而在此基础上,提出了"动态能力"这一理论,研究还提出了公司的外部环境和具有的核心能力二者之间是相互适应发展的[2]。外部的环境是不断发展变化的,企业内部需要不断调整适应,优化资源配置,增加竞争优势,从而促进企业成长。

根据以上分析,企业的成长理论已经从以往单一传统的"规模论"转变为当前的"内外部动态能力论",从以往的静态理念发展为当前的动态理念。这些研究仅进行了理论上的推演,对于企业成长的内外部因素是怎样相互作用的,该理论并没有给出清晰的解释说明,研究仍然处于抽象的理论阶段。

(二)现代企业成长理论

基于系统动力学、仿生学以及生态学等多种理论,现代企业成长理论开始形成。基于企业实际的发展状况,有学者研究提出了企业成长的过程并非机械的、简单的,而是不断变化的、复杂的,因此,需要对影响其成长的因素进行深入研究。

---

[1](美)普拉哈拉德.普拉哈拉德企业成功定律[M].北京:中国人民大学出版社,2009:163-164.
[2]刘玉丽.借力与平衡[D].长春:吉林大学,2020:21-22.

系统动力学这一概念,突破了以往的限制,在管理企业时,构建了相应的动力学模型。在这一理论中,企业的成长被当成动态的一个系统,在企业的各构成要素和环节中,其形成的各种反馈会和企业面临的外部环境进行共同作用,进而推动企业的进一步成长,突破以往的成长限制。

20世纪80年代,复杂性科学理论诞生,该理论认为系统的复杂性决定了企业需要根据外部环境的变化不断调整自身内部的运行机制,进而有助于外部环境和内部机制共同发展的实现。企业的成长在这一系列复杂理论下,表现为动态的、非线性的趋势,因此,需要基于系统动力学,探索其具有的复杂规律,进而寻找企业成长过程中具有的规律。无论是系统动力学理论还是复杂科学理论,都揭示了企业成长是复杂的、动态的非线性过程,而不是简单的线性函数。

生态学理论认为企业的"生命性"是指物的生命性,并不具有主观的思想和意识。而仿生学理论将企业看成"生命人",认为企业具有人一样的思维意识,这为企业成长的研究拓宽了视角。梁益琳等在对企业成长进行分析时,基于仿生学这一理论,对其运行机制进行了探索[1]。企业作为一个"生命人",将面临破产和长寿,这与"企业基因"存在何种关系?学者们开始从这个问题出发,提出了企业基因理论。从基因理论这一视角,在对影响企业成长的因素进行研究时,对企业成长存在的差异原因进行了挖掘,对其成长的推动方案进行了探寻。

通过梳理以上相关的理论可知,企业成长相关的理论已经从以往简单传统的单一理论发展为当前的非线性的复杂理论,从以往的机械转变为当前的再生。学者们对于影响企业成长因素及如何促进企业健康成长等问题依然在不断探索中。

(三)国内外对企业可持续成长理论的研究

杨杜是我国较早地对企业成长进行系统研究的学者,在其著作《管理学研究方法》一书中,以经营资源为关键概念,从经营资源的数量、性质、结构和支配主体四个方面来考察企业的可持续成长,并得出了五个重要的结论[2]:①企业的成长主要取决于经营资源的积累;②企业成长是经营者的

---

[1]梁益琳,张玉明.基于仿生学的创新型中小企业高成长机制实证研究——来自中国中小上市公司的数据[J].经济经纬,2011(06):92-96.
[2]杨杜,等.管理学研究方法[M].大连:东北财经大学出版社,2013:142-143.

最终目标,从规模经济理论转向成长经济理论;③多样化是企业成长的基本方向,要建立以企业成长为目标的多样化战略;④企业成长是质与量结合的动态过程,通过技术—产品创新,业务结构变革,经营制度革新来促进企业质的成长;⑤提出了企业成长的三大规律:成长模式、非均衡模型和复合经济模型。他的理论虽然极大地推动了我国企业成长理论的发展,但是仍然局限于企业系统内部,没有考虑企业成长的外部环境对企业成长的影响。

朱开悉在《论财务报告重心的转移:从财务资源到财务能力》一文中,在分析和研究财务管理的过程中,增加了财务能力这一分析和研究内容,认为可持续成长就是在不改变公司外部环境的条件下,公司在未来一段时间内的营业收入和利润保持在持续增长的状态之中[1]。郭泽光和郭冰等在《企业增长财务问题探讨——股票发行、企业负债与企业增长的关联分析》一文中根据企业的财务方向,分析并建立了财务平衡模型,从而研究出了影响企业成长的相关因素[2]。肖海林等人在《企业持续发展生成机理模型:基于海尔案例的分析》一文中通过深入分析海尔公司可持续成长情况,提出了TC-L模型[3]。李允尧在《超越生命周期的企业持续成长模型》一文中结合企业生命周期理论,创建了企业可持续成长模型,最终将企业的可持续成长划分为早期成长阶段、高速成长阶段和再成长阶段[4]。汤谷良和游尤在《可持续增长模型的比较分析与案例验证》一文中分析和研究了企业以往的财务可持续增长模型,同时又把万科公司作为实证案例和数据,对各个模型进行了检验,以便为公司的可持续成长提供参考依据[5]。王涛和任荣在《基于资源与能力演进的企业成长研究》一文中分析和研究了企业在每个阶段中的环境资源与成长能力之间的转换关系,成功构建出以环境资源和成长能力为中心的可持续成长模型,进一步分析各个不同阶段企业

---

[1] 朱开悉. 论财务报告重心的转移:从财务资源到财务能力[J]. 贵州财经学院学报, 2002(02):61-64.
[2] 郭泽光,郭冰. 企业增长财务问题探讨——股票发行、企业负债与企业增长的关联分析[J]. 会计研究,2002(07):11-15+65.
[3] 肖海林,彭星闾,王方华. 企业持续发展的生成机理模型:基于海尔案例的分析[J]. 管理世界,2004(08):111-118.
[4] 李允尧. 超越生命周期的企业持续成长模型[J]. 矿冶工程,2005(03):91-94.
[5] 汤谷良,游尤. 可持续增长模型的比较分析与案例验证[J]. 会计研究,2005(08):50-55.

成长的不同战略目标[①]。

彭罗斯提出了"企业资源—企业能力—企业成长"的理论模型[②]。她认为一个公司所具有的能力和公司的成长是呈正相关的关系的,而公司所具有的资源也会决定着企业的能力大小。因此,企业要想有效地实现可持续成长,就必须要充分利用自身的资源优势。企业的成长会受到企业内部资源的影响,企业不能够仅仅通过单纯和无限制扩张来获取发展。只有最大程度发挥企业效率的成长速度才能够称之为最优的成长速度。罗伯特创造性地提出了"可持续增长率(SGR)"概念,即公司在财务资源充分利用的背景下,带来的营业收入能够增长的最大比率,此外,他根据这一理论设计并构建了企业静态可持续成长模型。詹姆斯·C.范霍恩在罗伯特的理论基础上构建了企业动态可持续成长模型[③],以此弥补了静态模型的缺点和不足。同时,他提出可持续增长率,就是在不改变公司经营状态和胜利目标率的情况下,公司能够最大限度地增加年营业收入比率;另外,他提出了在企业外部财政政策与经营状况同时发生变化情况下,可持续增长率的计算方式。

纵观我国关于影响企业可持续成长的因素文献资料和数据可以知道,我国的专家和学者在早期对企业可持续成长的研究大多是着眼于企业的内部进行分析和研究的。与我国学者不同的是,国外学者对影响企业可持续成长因素的分析是比较深入和全面的,对于企业可持续成长模型的理论建立进行了逐步的完善。

二、创新理论

(一)技术创新理论

技术创新是指参与创新研发的员工通过研发和设计出一种新产品或者新工艺,通过生产经营走向商业化,利用其占有新的市场份额或者提升原有产品附加值的全部过程。

技术创新可以理解为企业家及时把握市场潜在盈利机遇,以经济收益

---

①王涛,任荣.基于资源与能力演进的企业成长研究[J].兰州学刊,2008(08):81-84.
②(英)伊迪丝·彭罗斯(Edith Penrose);赵晓译.企业成长理论[M].上海:上海三联书店;上海:上海人民出版社,2007:22-23.
③(美)詹姆斯·C.范霍恩.财务管理与政策[M].沈阳:东北财经大学出版社,2011:156-157.

为目标,以组织生产条件和要素为基础,构建更强大、更高效和成本降低的生产经营体系,进而推出新产品、新工艺,开辟新市场、新供应商或成立企业新组织,它是包括科技、组织、商业和金融等一系列活动的全部过程。

(二)制度创新理论

制度创新是企业根据自身需求以及市场环境的变化,引入或者建立科学合理的现代企业管理制度来代替原先落后陈旧的观念、企业管理制度和运营方式等。

在熊彼特创新理论的基础上,其他学者将制度创新理论进行了完善,其中包括制度创新的内涵、过程以及模式三方面。美国经济学家戴维斯和诺斯研究制度创新出现的缘由和流程,以及企业经济效益是否受制度变革的影响,为制度创新理论的发展起到推动作用;其中提出制度环境与实施对企业的生产经营活动起到带头和指导作用,对于企业技术创新的提升而言,制度创新也十分重要,且制度创新是通过制度上改良以取得超预期收益的一种变革[1]。

(三)其他涉及企业创新的相关理论

企业持续创新理论。企业创新在短期内能取得一定成果,但长期创新管理发现,企业保持持续创新较难,持续创新已成为21世纪以来企业可持续健康发展的关键路径,持续创新理论成为创新管理研究的新热点;梅尔(Meyer)在通过对IBM、康柏、3M等企业的深入考察和研究后,认为创新型企业的关键特征就是能在发展的过程中伴随时间的推移,企业持续更新对市场需求的把握,接连不断地开展创新活动[2];企业长期保持竞争能力无法凭借短期内的某一产品创新,而是需要靠一个持续具有高附加值的产品流程;向刚在1996年把企业持续创新定义为是企业在较长的时期内,通过持续不断地进行研发推行新产品、改进新工艺、获取新原料以及组织管理变革和市场创新等方式,不断达到创新经济效益目标的全流程[3]。

---

[1](美)兰斯·E.戴维斯,道格拉斯·C.诺思;张志华译. 制度变迁与美国经济增长[M]. 格致出版社;上海人民出版社,2019:36-37.

[2]Meyer John W. Institutionalization and the rationality of formal organizational structure. In organizational environments: Ritual and rationality [J].Beverly Hills CA: Sage,1983:261-282.

[3]向刚,李振国,李穗明. 企业持续创新:重要性与基本概念[J]. 经济问题探索,1996(06):4-7.

核心竞争力理论。核心竞争力是体现企业独特性的优势,对于中小企业来说,核心竞争力是企业取得经济效益的源泉,是中小企业长期发展的保障。美国学者普拉哈拉德(Prahalad)和哈默(Hanel)最早提出"核心竞争力"这一概念,他们认为核心竞争力是企业的特殊能力,是在生产经营过程中通过日积月累和反复学习从而培育出来的,尤其是合理配置各种生产技能并能够将各种技能合理组合的能力,利用这种能力,打败竞争对手,取得经济收益[1]。越来越多的学者认为,企业想要在市场的竞争中获得竞争优势,只是在市场中取得更多的资源优势是不够的,最为关键的是要拥有创新能力和思维,唯有创新能够使得企业长期保有竞争优势,不断扩大差异化程度。并且创新作为可持续竞争优势的驱动力,能够促使管理者和决策者坚定地致力于制定和实施支持中小企业创新的举措。

综上所述,企业创新理论为笔者研究企业创新力评价指标体系的构建提供了理论基础,企业创新理论已经从技术创新、管理创新、制度创新、持续创新等方面对创新进行了分类研究,这一系列的研究成果为评价指标体系的构建以及指标的选取分类打下了坚实的理论基础。依据学者的研究成果,笔者以技术创新、制度创新以及管理创新三个维度的综合评价为基础,更全面地构建了健身休闲类中小企业创新力评价指标体系。

三、创业机会理论

创业机会理论的主要研究核心是分析创业机会的各种问题,主要研究方向为面向创业者行为和创业机会。创业机会理论最开始主要研究机会识别和开发的个体行为,后来有学者认为创业机会理论应该是基于社会心理学基础上的创业机会的存在、发现以及开发的"机会观"的框架理论,"机会观"可视为对创业机会的研究过程。而"机会观"是创业过程的重要组成部分,是在创业活动面临动荡的市场环境时能否准确识别和开发创业机会所具备的持续性的机会能力。国外学者认为,叠加性和反复性作为识别创业机会过程中的重要特征,创业者会根据自己所获取的商机、信息等资源不断地进行反馈并修正等。创业机会分为机会创造和机会发现的分类方式被多数学者所认同,并且机会创造和机会发现是现存企业产生持续

---

[1] Prahalad, C. K., Gary, H. The Core Competence of the Corporation. Harvard-Business Review. 1990: 341-342.

竞争优势的资源,对企业的成长具有一定的联系,可以对企业绩效产生促进作用。有学者认为机会创造观、机会发现观之间具有一定的影响,主要表现为共同交互的关系,在环境中呈现不同的动态性的变化特征。创业机会的存在和发现能使创业者通过自身的警觉性与敏锐性获取异质性信息,感知市场需求及闲置资源等外界环境变化和时间,是一种对机会进行识别的能力,是对某一领域中的需求或者资源进行发现并匹配的独特方式。而机会创造可以视为一种由内到外对创业机会进行开发的过程,是在拼凑自身资源的基础上对创业机会、商机或者资源进行开发的能力。因此,创业机会理论基于"机会观"的理论框架,该理论中的机会开发是一个由内到外对创业机会进行创造、开发的过程,并形成机会开发能力;创业机会的存在和发现都是一种由外到内的识别过程,这是一种对市场需求、闲置资源及创业机会的识别能力。这刚好验证了多数学者对创业机会进行分类的方式,也符合"机会观"的理论框架。

对于创业机会理论中的机会识别和机会开发来说,基于认知的视角,机会识别适用于创业过程的前端,它是创业者的发散性思维在创业过程中形成的商业创意,不具有一种完整的商业模式;而机会开发则是创业者的聚敛式思维在创业过程形成的一种完整的商业模式。还有部分学者应用该理论进行了实证研究,认为机会识别能力和机会开发能力对创业企业的成长具有显著的影响作用[1]。创业机会理论主要研究创业机会,因而忽视企业手边资源的作用,目前以"机会—资源"的整合视角研究动态能力成为学术界的主流方向。因此,除了考虑创业机会理论的"机会观",还要和其他理论(如动态能力理论中的"资源观")进行整合,以实现"机会—资源"的整合理论视角来开展研究。

四、动态能力理论

动态能力理论由蒂斯(Teece)等学者于1997年首次提出,认为企业必须具备整合、重构内外部资源的能力,来应对复杂多变的市场动态环境,并能维持竞争优势[2]。动态能力理论成为管理学等领域的研究热点,得到

---

[1] 吕强. 初创企业知识搜索、创业能力与创业绩效的关系研究[D]. 杭州:浙江财经大学, 2020:21-22.
[2] Teece D. J., Pisano G., Shuen A., 1997, "Dynamic Capabilities and strategic Management", Strategic Management Jornal, Vol.18 (7), PP509-538.

更多专家学者的关注,并且以蒂斯(Teece)为代表的对动态能力的研究成果认可度最高。这一理论以"路径"的视角进行"资源观"的研究,对后续研究提供了基础框架。该理论的核心是"整合"和"重构"的"资源过程观",主要表现为企业内部有异质性的资源,企业必须通过整合及重构的方式来实现企业对"手边资源"的拼凑式利用的"路径",最终形成企业的动态能力。

该理论基础框架包含组织和管理流程、位势、路径三方面内容:所谓路径指的是企业对企业惯例的依赖,惯例可以理解为企业的战略选择和固有战略,是不能被轻易重构的,如果企业有了异质性资源后,可以选择进行路径依赖来生成动态能力,从而降低企业运营成本,提高企业竞争优势。所谓位势指的是指企业的内部加外部地位,是具有异质性的资源,是动态能力的重要组成部分,也是构成企业的竞争优势,内部地位指的是财务、商业模式、行业机密等内部资源,外部地位指的是企业的市场地位等。路径和位势决定了企业的组织和管理流程。所谓组织和管理流程是该理论框架的核心维度,是动态能力的本质和竞争优势的来源,并且这是首次对动态能力进行维度的划分,主要强调资源过程的视角,动态能力分为协调整合、学习和重构三方面能力。

后来,为了符合现今企业发展的需要,许多学者在动态能力理论的基础上,结合自身研究课题,并延伸对动态能力的维度划分,有学者认为初创企业的动态能力可分为:战略隔绝、环境适应能力、变革能力、整合资源能力以及学习能力五个维度[1]。而有学者把动态能力(自变量)划分为环境感知、整合重置、学习吸收、组织柔性、变革更新等维度能力,从而以动态能力(自变量)的维度能力对绩效的影响展开研究[2]。但在进一步完善动态能力的理论体系的进程中,许多学者转变了研究思维,以"路径"视角转换成"机会创造"视角进行相关研究。蒂斯(Teece)进一步指出,在以往的"路径"视角研究中,没有对企业进入市场的时机做出详细阐述,如果企业在只考虑资源观的情况下,没有考虑到创业机会的因素和市场环境的条件,没有选择恰当的商机,那么企业将面临竞争力下降的风险。所以除了

---

[1] 董保宝,李白杨. 新创企业学习导向、动态能力与竞争优势关系研究[J]. 管理学报, 2014,11(03):376-382.
[2] 龚一萍. 企业动态能力的度量及评价指标体系[J]. 华东经济管理,2011,25(09):150-154.

考虑到资源的异质性,还要考虑到创业机会的识别与开发,在此基础上,笔者进一步将动态能力分为机会感知、把握、创造三维度,并且使组织拥有的资源结构、机会进行匹配,以"路径"视角—"机会创造"视角进行相关研究,以适应复杂多变的市场环境,实现企业的竞争优势和最大化价值。

第三节 体育小微企业协调发展的可行性与必要性

一、改革开放后我国小微企业的发展历程

改革开放四十多年来,我国小微企业从少到多,从弱到强,不断发展壮大。与改革开放以来的经济体制改革进程相类似,我国小微企业也大致经历了三个不同的发展阶段。

第一个阶段是1978—1992年。这个阶段是小微企业规模和数量的扩张时期。1978年底,党的十一届三中全会原则通过《中共中央关于加快农业发展若干问题的决定(草案)》,要求全党必须集中主要精力把农业尽快搞上去。明确提出要大力发展乡镇企业,从此乡镇企业在农村地区蓬勃发展起来。同时,在城市国家鼓励和支持发展个体经营户和集体企业,并提出要改革国有中小企业。《中共中央关于经济体制改革的决定》于1984年党的十二届三中全会通过,要求赋予中小企业更多的自主权。1987年,党的十三大报告提出,允许中小企业的产权进行有偿转让。所有的这些政策盘活了我国的中小企业,这个时期的中小企业规模和数量都有了快速的发展和扩张,有力地加快了经济发展和提高了人民的生活水平。

第二个阶段是1992—2002年。邓小平同志的南方谈话开启了中小企业发展的新阶段,推动国有中小企业改革和促进非公有制经济的发展是这段时期的主要任务。政府通常采用兼并、重组、股份制改革和出售等手段来加快国有中小企业改革步伐,使得国有中小企业逐步退出国有经济领域,民营中小企业得以进入并蓬勃发展,以此逐步地建立起社会主义市场经济体制。2000年9月,国家经贸委发布了《关于鼓励和促进中小企业发展的若干政策意见》,中小企业发展获得了重大政策支持,全面改善了其生存和发展环境。可以说这个阶段是我国中小企业发展的重要历史阶段。

第三个阶段是2002年至今。2002年6月,第九届全国人民代表大会常务委员会第二十八次会议通过了《中华人民共和国中小企业促进法》,标志着我国中小企业的发展进入了新的阶段。

党中央、国务院高度重视小微企业的发展,制定了一系列相关政策措施。2005年,国务院出台了《关于鼓励支持和引导个体私营等非公有制经济发展的若干意见》,进一步引导非公有制经济的发展;2009年发布了《关于进一步促进中小企业发展的若干意见》;2010年国务院发布了《关于鼓励和引导民间投资健康发展的若干意见》,积极营造良好环境,促进中小企业发展。小微企业概念提出的同时,党和国家也进一步加大对小微企业的扶持力度,2011年在《中小企业划型标准规定》中新增"微型企业"一类,使得相关扶持政策也更具针对性。2012年4月,国务院出台了《关于进一步支持小型微型企业健康发展的意见》,从加大财税和金融支持等方面提出了29条政策措施。

总的来看,改革开放后我国小微企业不断上升和转型,在此进程中,有两种重要力量发挥了决定性的作用。一是乡镇企业的快速发展。乡镇企业绝大部分都是小微企业,是我国小微企业的主力军。乡镇企业的发展,一方面就地解决了农村剩余劳动力的转移,提高了农民收入;另一方面也有力地促进了我国的城镇化。二是非公有制经济特别是私营小微企业的快速发展。2004年修正的《宪法》,首次确立了非公有制经济在社会主义市场经济中的法律地位,对个体和私营企业,尤其是小微企业的发展有着极大的推动作用。

二、体育产业的演进历程

中国体育产业是伴随着计划经济体制向市场经济体制转轨过程中发展起来的,体育产业演进过程中经历了4个阶段。

萌芽阶段(1978—1992年)。改革开放以来,我国对高度集中的计划经济体制进行了市场化改革,使社会主义市场经济逐渐成为我国的主导经济模式,这种经济体制改革,使得我国体育事业发展方式发生了根本性变革。随着人民群众生活水平的不断提高,传统的体育发展方式已经不能适应体育的发展需要,亟待对体育事业的体制机制进行变革。1980年,国家体委组织召开全国体育工作会议指出,鼓励体育系统各单位、各部门在保证群众体育、运动竞赛等正常开展的前提下,进行有偿服务为主的各种经营创收活动。具有代表性的事件是1980年举办的"万宝路广州网球精英赛",这成为体育事业产业化的一次尝试。1983年,国家体委提出"以体为主,多种经营""由事业型向经营型转变"的体育社会化发展方针,但在这一时期,体育产业的地位和性质不被认可,体育产业的市场化发展缓慢。

探索阶段(1992—2001年)。党的十四大把我国经济体制改革确立为建立社会主义市场经济体制,为体育产业发展提供了保障。国家体委认识到体育事业必须以产业化为方向来寻求发展,从1992年开始,进行了以产业化为重点的一系列改革。如国家体委对其内部机构进行改革,建立20个运动项目管理中心;以足球改革为突破口,以市场为导向,推进协会实体化发展;1994年,全国足球甲级联赛正式开赛,开创了竞技体育职业化和商业化的先河,中国体育产业真正走上了产业化发展道路;1995年,国家体委制定《体育产业发展纲要(1995—2010年)》,对未来十五年体育产业发展的指导思想、重点、目标、基本政策、基本措施等方面进行了阐述,为体育产业更好地适应社会主义市场经济体制要求、推进体育产业发展提供了政策指导。

起步阶段(2001—2014年)。进入21世纪以来,我国体育产业在政策利好的助推下得到了快速发展,但与美国、英国、日本等国家体育产业相比,我国体育产业仍有较大差距,产业规模小、竞争力不强、结构不合理等问题依旧存在。

发展阶段(2014年至今)。自2014年国务院46号文件的颁布,政府简政放权,体育产业的市场管理体制和运行机制逐渐完善。体育产业从初级阶段向更高级阶段发展,从体制内主导向市场化主导转变,从举国体制向全民参与过渡。特别是2019年国务院办公厅印发《体育强国建设纲要》,提出2035年体育产业成为国民经济支柱性产业的战略目标,为"十四五"以及未来更长一段时期体育产业发展指明了方向。

三、体育小微企业的发展现状

体育小微企业是我国国民经济迅猛发展的生力军,已经成为我国经济持续健康发展缺一不可的动力源泉,但近年来随着体育小微企业的快速发展,不断凸显出其发展中遇到的问题和阻碍。笔者将对小微企业发展现状存在的问题进行文献梳理。

第一,关于体育小微业企业内部人才、营销、管理问题方面的研究。杨兔珍在借鉴关于人才流动因素的研究基础上,分析了我国中小民营企业人才流动现状的流失比较高,具有单向性、外倾性以及集体性[①]。曹燕锋、杨存良在研究中发现体育小微企业战略管理中存在重视短期经营而忽略长远发展、重视形式而忽略内容以及重视规划而忽略实施的现象,从企业家角度提出加强小微企业战略管理的对策建议[②]。陈勇从企业的内部因素出发,提出了企业组织结构不科学、不合理、管理水平低以及财务负担重等问题[③]。曹润叶分析了我国体育小微企业发展中暴露的自身问题,如产品结构落后、创新意识薄弱、工作人员素质低、管理水平较低、市场开拓能力不强等[④]。

第二,从政府视角对体育小微企业发展问题展开研究。王蕙针对体育小微企业自身规模较小、自有资金相对缺乏、承受风险能力弱、整体素质较低等特征,探寻政府通过制度的完善从财政、税收以及融资三个层面来扶持小微企业[⑤]。孟建波提出融资难不是小企业发展的唯一阻碍,政府效用对小企业发展发挥了举足轻重的作用,政府需要对小企业发展扶持政策开展全方位的补充完善[⑥]。朱岩梅、吴霁虹通过实地调查研究,总结来自外部阻碍企业发展的问题:公平性、融资环境、政策、赋税以及政府服务[⑦]。

第三,关于不同地区之间体育小微企业发展问题研究。李梅着眼于资源型地区的体育小微企业发展现状的局限性:行业结构不合理、资金短缺、人才不足、创新难,认为该地区的小微企业发展的突破点在于结合当地资源优势,发展新兴产业,实现生态化的可持续发展[⑧]。董晨、赵梦遥通

---

① 杨兔珍.中小民营企业人才流失现状及对策研究[J].技术经济与管理研究,2011(10):63-66.
② 曹燕锋,杨存良.我国中小企业战略管理存在的问题及对策研究[J].中国商贸,2011(09):43-44.
③ 陈勇.可持续升级的企业信息化战略研究[D].武汉:华中科技大学,2011.
④ 曹润叶.我国中小企业发展中存在的问题及对策研究[J].山西财经大学学报,2014.36(S1):85.
⑤ 王蕙.我国政府对中小企业发展的扶持问题探讨[J].企业经,2010(09):130-133.
⑥ 孟建波.中国小企业成长之路[J].南方金融,2011(11):86-87.
⑦ 朱岩梅,吴霁虹.我国创新型中小企业发展的主要障碍及对策研究[J].中国软科学,2009(09):23-31.
⑧ 李梅.资源型地区中小企业发展的问题及对策[J].经济研究参考,2015(52):75-79.

过实地调研发现,成都市体育小微企业在发展中存在诸多问题,其中较严重的问题在于企业产品营销和融资状况上[①]。孙颖荪研究针对中西部地区体育小微企业的发展困境,其发展方式粗放、资源以及环保问题突出、融资渠道窄、政府服务体系不完善等,并从政府、企业两方面提出转型发展的具体路径[②]。

(一)我国小微企业的地位

我国小微企业在提高就业率、增加收入、改善生活、保障稳定、提高税收等方面发挥着重要作用。我国小微企业的强劲发展,特别是小型和小型私营企业,不仅刺激了国民生产总值的增长,而且还解决了许多就业问题。我国小微企业的进步与社会经济的发展密切相关,在促进社会进步和提高生活水平方面发挥着重要作用。

(二)我国小微企业的特殊性

1.数量众多、涉及领域广、分布广泛

我国小微企业数量之多、比重之大,堪称世界之最,共计占我国企业总数的97%。除了资金和技术工艺要求比较高的特殊行业外,小微企业广泛地涵盖了国民经济的三大产业,尤其是第三产业。由于人才、资金短缺,因此,大部分的小微企业生存并发展于准入门槛低的劳动、资源密集型企业。我国的小微企业在地区分布范围和分布密度上也与我国的东中西部经济发展规律相一致,小微企业的发展数量、质量和水平也是从东部到西部依次递减。

2.所有制结构多元化,以非国有企业为主体

小微企业的投资主体越来越多元化,非公有经济比重逐年上升,已占据主导地位。国家采取"抓大放小"的方针,国有经济和集体经济逐渐地退出小微企业领域,私营企业和个体户蓬勃发展。改革开放以来,异军突起的乡镇企业绝大部分都是小微企业,乡镇企业的发展为我国农村经济建设做出了巨大贡献。作为新的经济增长点的民营科技企业也多为小微企业,在市场经济中呈现出非凡的活力。

3.区域结构、产业结构不平衡

我国幅员辽阔,东中西部地区小微企业的发展有很大差异。2008年

[①]董晨,赵梦遥.成都市中小企业发展现状调查[J].中国商贸,2010(26):227-228.
[②]孙颖荪.中西部地区中小企业发展模式转型探索[J].理论探讨,2014(06):173-176.

后,我国沿海地区的小微企业正在面临着艰难的产业结构转型升级期,而广大的中西部地区的小微企业发展落后,急需国家政策扶持。经调查显示,从产业结构布局来看,发达地区专业化分工细致,已逐步形成了小微企业群;从企业自主程度来看,东部发达地区国有企业比重比中西部不发达地区的比重相对较低;从小微企业盈利能力来看,发达地区小微企业的盈利能力明显强于不发达地区;从企业创新能力来看,东部经济发达地区的小微企业创新意识比较强,其高新技术产业和高技术产品所占的比例也比较大。

4. 规模小、经营机制自主灵活

与大中型企业相比,小微企业的从业人数、资产规模和销售收入等指标都比较低,所以小微企业投资少,规模小,创办容易,生产和管理成本低,反应敏感,见效快;小微企业的经营机制比较灵活,能够在市场流行性、季节性、多样性和地区性的需求变化中做出迅速的反应。小微企业的所有权和经营决策权基本掌握在一个人手中,因此企业经营者在企业的生产经营活动中拥有不折不扣的生产经营自主权,这就使得小微企业能够在不断变化的生存环境中,迅速、准确地抓住时机,作出决策。

5. 信用度普遍偏低,融资难

由于小微企业经营稳定性差,经营不规范,企业信用度比较低,因此不可避免地存在小微企业融资难的问题。小微企业融资难主要表现在:一是融资渠道狭窄。小微企业缺少直接的融资渠道,我国有关债券融资和股票融资的门槛较高,因此小微企业很难通过发行企业债券、上市发行股票等方式获得资金;由于国有商业银行的贷款对象主要是国有企业,小微企业受年限、抵押能力和信用水平的影响,绝大多数很难满足贷款条件;对于民间借贷,小微企业很难承受高额的利息。二是融资门槛高。主要是指小微企业的信用和担保问题,大多数小微企业很难从担保公司和风险投资基金得到有效的金融支持。

6. 生存脆弱,易倒闭

小微企业与大中型企业相比,在资金、管理、人力资源等方面还存在许多的劣势。大多数被调查的小微企业认为资金不足是阻碍企业发展最重要的问题。由于小微企业自有资金和经营资金比较少,而且很难向社会筹集资金,因此经常面临资金链断裂的困境。

(三)我国小微企业现阶段发展面临的主要困境

1.税费负担过重

我国的小微企业在现阶段条件下需要缴纳包括增值税、所得税、印花税等在内的二十多种税收,税收负担比较重。虽然过去几年,我国对小微企业进行了减免税收,但收效甚微。过重的税收负担严重地挤占了小微企业本已薄弱的利润空间,成为小微企业现在以及将来生存和发展的重大负担。现在土地价格在不断上涨,企业租用土地和厂房以及购买机器等费用也在不断增加,此外还存在对小微企业的乱收费、乱罚款和乱摊派的问题。

2.社会服务体系不健全

小微企业社会化服务体系主要包括两大类:①公益性或非营利性的服务机构,即综合服务机构。这类机构主要是由政府建立中小企业服务中心或者服务工作平台,为广大的小微企业提供信息、技术咨询、人才培训等服务,例如美国设立的小企业管理局(SBA)、小企业发展中心、小企业贸易促进协调委员会等机构。②专业化的服务机构,诸如为小微企业提供会计审计、法律服务、投资融资服务之类的盈利性机构。

而我国在这方面还存在缺失。主要问题包括服务市场和服务机构两方面。小微企业服务市场方面存在的主要问题:①政企不分。我国大多数的中介服务机构挂靠于政府某部门的事业单位,严重影响了其规范化和市场化的运作,可以说这种中介服务市场的政企不分问题已是我国小微企业服务市场发展中的大问题。②管理混乱,多头管理。政府对一些营利性的中介机构缺乏必要的监督和管理;各级政府部门都设立了中小企业处,相互交叉,管理混乱,我国至今没有设立一个专门的机构来统一管理小微企业服务市场。中介服务机构存在的问题:①我国现在的中介服务机构发展速度比较慢,规模较小。②小微企业没有成为真正的顾客。目前的中介组织没有形成真正地为小微企业提供信息、投资、理财、咨询、法律、人才等的全方位综合化供给体系。③行业发展不平衡,服务层次比较低。目前职业介绍、房地产等传统的中介机构比较多,信息也比较发达,而对于一些进行技术推广的服务机构相对来说比较稀少。大多数服务机构只能提供低层次的服务,很难为小微企业提供战略规划、经营策划、资信评估等高层次的服务。所以说我国的小微企业社会化体系尚不健全。

3. 自身管理水平比较低

小微企业在创业初期往往是个人式或家族式的企业,而在创业完成、企业进入正常的生产经营时,小微企业就会出现两极分化,一部分小微企业完成股份制改革,建立了比较规范的现代企业治理结构,通过建立现代企业制度,为小微企业的长远发展奠定了基础;而另一部分小微企业依然是家族式管理结构,严重地影响了企业以后的发展。另外,小微企业的相关配套改革往往不到位[①],如社会保障体系不完善,使企业举步维艰,难以招揽到人才。

4. 科技创新能力比较弱

虽然我国的小微企业对技术创新有很大的推动力,但是据中国中小企业协会统计,科技型小微企业只占我国小微企业的2%,与国内大中型企业和国外企业相比,在创新投入、人才引进、知识产权保护等方面还存在很大的差距。而且我国的小微企业良莠不齐,既有占比较小的高科技型小微企业,也存在着大量的处于产业链低端、重复建设严重、浪费资源严重、创新能力弱的小微企业,我国整个的小微企业科技创新水平处于产业的中下游。我国小微企业科技创新能力比较弱,主要有以下几个原因:一是小微企业科技创新渠道狭窄,创新投入少。小微企业规模小,资金少,基础薄弱,而且创新的科研经费庞大,周期长,小微企业很难承受,从民间借贷和银行贷款去搞科研也很难,风险投资考虑到安全和营利的问题,也很难去投入经费帮助小微企业进行科研创新。二是缺少专门的科技创新人才。小微企业在规模、资金、社会保障等方面难以和大型企业集团相比,因此很难吸引到高科技创新人才。三是知识产权模糊,科研成果转化率低。现阶段我国对小微企业的知识产权保护不到位,申请专利开支比较大,而且一旦发生知识产权纠纷,所需的诉讼费用昂贵,耗费大量精力,科研成果也难以转化为生产力并取得规模效益,因此小微企业缺少动力创新,大多进行"模仿型技术创新"。

5. 融资难

融资难已是小微企业存在的普遍现象。主要原因除了小微企业自身之外,还有外部环境的影响。一是小微企业本身成分复杂,存在较大的制

---

① 徐东峰. 小微企业减税降费政策执行中存在的问题与对策研究[D]. 曲阜:曲阜师范大学,2021:17-18.

度性风险。二是小微企业经营管理存在不规范现象,银行对其贷款面临着"市场风险"和"信用风险"。三是国家政策对小微企业的扶持力度不够。主要是对小微企业缺乏相应的法律保证体系,在为小微企业提供服务的资本市场、金融中介机构以及有效的融资工具方面,存在着一定的欠缺。四是金融机构很少对小微企业借贷。主要是指小微企业融资渠道窄,融资门槛高。小微企业主要的融资方式是银行贷款和民间借贷,银行考虑到自身的利益和小微企业的低信用度,很少贷款给小微企业;而民间借贷利息太高,小微企业往往难以承受。五是我国的信用担保行业发展滞后,未能形成系统的信用担保体系,因此很难发挥中央财政对小微企业融资方面的带动作用,不能为小微企业提供有力的帮助。

四、体育小微企业协调发展的可行性

我国体育小微企业在社会主义市场经济中的作用越来越大。一方面,从计划经济到市场经济,我国体育小微企业的逐步发展表明市场的构成因素在增加;另一方面,从经济发展阶段来看,城市化、农业产业和非农产业都在中国迅速发展,我国体育小微企业的发展也必然要发展。

(一)我国小微企业协调发展的可行性

1.我国小微企业能够提高就业率

由于其门槛低和建立快速,我国小微企业是中国创造就业机会不可或缺的一部分。随着中国经济结构的调整,农村劳动力过剩和退休职工人数的增加,存在着前所未有的社会压力。与此同时,新员工和现有员工将承受内部和外部压力。因此,我国小微企业不仅能够随着经济的发展而发展,也有利于缓解就业压力。

2.我国小微企业是促进经济结构调整的重要载体

经过多年的发展,我国小微企业已经开始从贸易服务和一般加工制造等传统领域扩展到高科技产业和现代服务等新兴产业。在发展过程中,提供新技术、新设备,鼓励研发高科技成果,如信息电子和生物科学。目前,中国拥有一批高科技企业,对推动经济结构调整起到了重要作用。

3.我国体育小微企业的发展有助于企业家的成长

我国体育小微企业业主往往具有良好的个人能力,他们通过实践拥有了良好的创业管理环境。我国体育小微企业的健康发展有助于这一群体的真正发展。企业家的成长必将促进中国经济的进一步发展,这些人是中国经济发展的支柱。

4.我国体育小微企业是大型企业的重要合作伙伴

有许多我国体育小微企业生产链涉及国内大型企业,大企业的发展和生产链离不开我国体育小微企业的支持。

我国体育小微企业和大型企业是战略合作伙伴,我国体育小微企业围绕生产线为大企业打造"产业集群"。同时,由于长期合作关系,大企业与我国体育小微企业建立了互信关系,同时又是一种战略合作关系,相互促进发展。大型公司也信任我国体育小微企业集群生产的产品。

(二)体育产业与城市化耦合发展的可行性

1.体育产业发展现实状况

在体育强国和健康中国战略背景下,体育产业呈现快速发展态势。下面从体育产业规模、体育产业贡献、体育产业结构、体育产业基础、体育市场主体等方面加以阐释。

(1)体育产业规模

近年来,我国体育产业总规模(增加值)不断增长,为体育产业高质量发展提供了强劲动力。体育产业总规模反映常住单位从事体育生产的所有体育货物和服务的价值;体育产业增加值反映常住单位从事体育生产活动而创造的新增价值。体育产业的总规模和增加值能够反映体育产业发展的整体状况。

(2)体育产业贡献

一般认为,体育产业贡献反映在体育产业的经济贡献和社会贡献两个方面,即经济贡献体现在体育产业在国民经济中的地位和作用,社会贡献体现在体育产业吸纳就业能力状况。一方面,从体育产业的经济贡献看。在体育强国建设进程中,体育产业的经济贡献能力显著增强,2035年体育产业的经济贡献率将达到4%左右。整体上看,近年来我国体育产业的经济贡献和吸纳就业能力呈现不断提升态势。

(3)体育产业结构

《体育产业统计分类(2019年)》显示,体育服务业包括场馆服务、竞赛表演活动、健身休闲活动等9个相关业态。一般认为,体育产业结构优化通常表现在体育服务业比重不断上升,并逐渐发展成为体育产业结构中的重要组成部分。据调查显示,从2017年和2018年两年的数据来看,体育服务业和体育场地设施建设的总规模和增加值处于增长态势;从各业态占体育产业比重来看,体育用品和相关产品制造业的总规模和增加值占体育产业的比重处于下降趋势,而体育服务业所占体育产业比重不断提升。这种内部业态变化趋势,一定程度上符合体育产业结构不断优化升级的内在要求。相关研究发现,发达国家体育产业结构的体育服务业与体育制造业比例为7∶3。2018年我国体育制造业增加值占比已经降到33.7%,但与世界平均水平和许多发达国家相比,仍然存在明显差距。从体育产业内部各业态总规模、增加值数据来看,体育产业结构呈现不断优化态势,有效推动着体育产业向高质量发展。

(4)体育产业基础

一般认为,体育产业发展的基础包括体育消费和体育场地设施状况等。一方面,从体育消费来看。体育消费是体育产业发展的基础和前提。随着近年来大众对运动康养、体育旅游等需求加大,体育消费呈现快速增长态势。数据显示,2014年我国人均体育消费不足1000元,而2018年我国人均体育消费已经达到了2264元。另一方面,从体育场地设施投入来看。体育场地设施是大众从事全民健身和体育消费的基础保障。我国体育场地数量、场地面积以及人均体育场地面积都呈现较快增长,有效适应了大众健身休闲需求不断增长的现实要求。当前,体育消费水平不断提升和体育场地设施供给不断增强,有效夯实了体育产业的发展基础。

(5)体育市场主体

我国需要培育体育市场主体,鼓励有条件的省市设立体育发展专项资金,加快体育资源交易平台建设。一是从省市设立体育发展专项资金看。近年来,江苏省、重庆市、海南省、福建省、浙江省等已经设立了体育发展专项资金。如江苏省重点支持体育健身休闲服务类、体育赛事活动类等体育产业相关业态发展,并给予项目补助、贷款贴息和奖励。二是从体育资源交易平台建设看。目前,广东、山西等省市已经建立了体育资源交易平台,搭建独立于买方、卖方、中介方的"第四方",积极培育壮大体育市场。三是从社会资本投资体育产业看。体育产业已经吸引了大量产业基金的进入,多家体育类公司陆续加入了新三板的行列。在产业链层级上,通过上游的体育赛事内容创新、中游的媒体转播收入、下游的衍生行业收入,不断壮大体育产业市场。四是从体育产业投资基金看。在2014年《国务院关于加快发展体育产业促进体育消费的若干意见》(以下简称"46号"文件)的政策东风引导下,涌现出了一批由社会资本筹资的中国体育产业投资基金。如江苏省体育产业投资基金、邓亚萍体育产业投资基金等,其投资范围覆盖体育全产业链环节和全周期的企业,目前累计投放金额超过400亿元。整体上看,近年来体育市场主体不断壮大,有力地促进了体育产业的高质量发展。

2.城市化发展现实状况

不同学科的国内外学者对城市化的概念界定不尽相同。依据相关研究梳理,将城市化分为人口城市化、经济城市化、空间城市化、社会城市化4个部分。探究中国城市化发展现实状况,可从人口城市化、经济城市化、空间城市化、社会城市化展开。

(1)人口城市化

人口城市化是从农村转移人口市民化的角度,分析城市化发展状况。较常用的衡量指标是城市化率。在中国语境下,城市化率一般也称之为城镇化率,是指城镇人口占总人口比重。从中国人口城市化率折线图看,中国人口城市化率已由1990年的26.41%,增长至2018年的59.58%。从1990至2018年,中国人口城市化率提升了33.17%。中国人口城市化率呈现稳步上升态势,对我国经济社会发展起到了重要推动作用。

(2)经济城市化

学界对经济城市化的概念尚没有统一定论。在经济学分析语境下审视城市化发展状况,一般用经济城市化概念进行论述,认为农村劳动力由第一产业向城市所在的第二产业、第三产业转移的过程,体现在各种非农产业的经济要素向城市集聚的过程。量化衡量经济城市化的指标较多,其中产业结构演进是反映经济城市化发展状况的一个因素。据调查,我国第三产业产值占国内生产总值的比重已由1990年的32.4%,增长至2018年的52.2%。可以反映出我国产业结构呈现不断优化升级态势。随着城市化水平的提高,城市居民对服务业消费需求也随之提高,即体现在以第三产业为主的服务业在产业结构中的比重显著提升。

(3)空间城市化

空间城市化是伴随着经济城市化和人口城市化演进而体现出来的,主要是指城市地域空间分布而反映出来的外在特征。空间城市化包含多个维度,很难用一个指标反映空间城市化演进状况。学界较多选取城区面积与建成区面积2个指标衡量空间城市化水平。我国城区面积和建成区面积呈现逐年增长趋势,一定程度上反映出我国空间城市化水平呈现良好增长态势。

(4)社会城市化

社会学领域通常从生活方式的角度定义城市化,认为城市化是城市生活方式的发展与变化过程。社会城市化的衡量指标较多,如从文教娱乐业消费支出指标数据看,社会城市化体现在居民消费结构以服务型消费支出占据主导地位;从普通高等学校在校大学生指标数据看,社会城市化体现在社会人口素质水平呈现增长态势;从城镇单位就业人员指标数据看,社会城市化体现在居民就业方式的转变。

3.体育产业与城市化耦合发展的联结基础

(1)联结的理论支撑

从两系统耦合发展的联结纽带看,根据产业集聚基本理论,产业集聚的特征体现为空间集中性、竞争合作性、相互关联性、形成累积性、社会网络性;根据新时代经济高质量发展要求,以及产业结构演进理论和二元经济理论,城市化发展的特征体现在人口城市化、经济城市化、空间城市化、社会城市化,即可以认为体育产业与城市化发展所表现出来的特征,形成了体育产业与城市化耦合发展的联结纽带。从两系统耦合发展的联结形式看,体育产业发展通过规模经济效应和外部经济效应等、城市化发展通过经济转型升级和服务经济增长等,促进体育产业与城市化耦合发展。从两系统互动发展的形式看,体育产业能够为城市化发展提供强劲动力,城市化发展能够为体育产业创造良好条件。

(2)体育产业:规模经济效应与外部经济效应

依据集聚经济理论,体育产业通过空间集中性、竞争合作性、相互关联性、形成累积性、社会网络性等,形成规模经济效应和外部经济效应,为城市化发展提供强劲动力。①从体育产业的空间集中性对城市化发展的影响看。产业集聚理论认为,产业集聚最为突出的特点就在于空间上的高度集中性,即体现在特定的空间集聚了一些相同的产业或相关产业,使其产业集中度不断提高,并形成较大的市场份额。在体育产业领域,比较典型的是体育用品制造业集聚,如福建晋江的体育用品制造业呈现集群化发展的特点。体育产业集聚能够降低成本,产生规模经济效应和外部经济效应,促进区域经济转型升级和城市化发展。②从体育产业的竞争合作性对城市化发展的影响看。特定区域内的产业分工专业化和协作是产业集聚的基本因素。以产业集聚与分工和专业化为基础,在特定区域内的产业集聚,有利于所在区域的企业节约成本、提高生产效率。随着生产技术的进步以及市场竞争的加剧,促使分工进一步细化,生产专业化进一步提高,产业链条进一步延伸。在体育产业领域,比较典型的是长三角地区体育产业一体化协同创新发展的组织架构与运行机制基本成熟,"三省一市"(上海、江苏、浙江、安徽)通过分工协作,共同推进区域体育产业高质量发展。③从体育产业的相互关联性对城市化发展的影响看。在整个产业结构体系中,制造业、服务业等都有其自身的内在特征。产业集聚不仅是自身产业内部各业态的相互关联发展,而且也是相关产业之间的相互关联发展。在新时代,体育产业与旅游产业、文化产业、养老产业、健康产业统称为"五大幸福产业",其快速发展既有利于拉动消费增长,又有利于促进消费升级。在体育产业领域,由于体育产业具有辐射范围广、关联度大、产业链条长等特点与优势,其与旅游产业、文化产业等具有较强的正向关联性,对促进城市化发展具有积极作用。④从体育产业的形成累积性对城市化发展的影响看。由于区域内的企业存在着资源禀赋和运输成本的差异,在政府和市场的共同作用下,特别是市场在资源配置中起到了决定性的作用,产业集聚达到一定规模就会产生规模经济效应和集聚经济效应,即产业的形成累积性得到了充分体现。⑤从体育产业的社会网络性对城市化发展的影响看。产业集聚发展受到外部环境变化的影响,如随着经济的飞速发展,人民生活水平显著提高,大众消费结构升级,对生活性服务业需求加大,有利于促进第三产业发展。

此外,社会资本(地缘、亲缘、人际关系网络等)对某些产业的集聚化发展具有显著推动作用。如地缘文化和亲缘关系是家族企业集群化发展的有力保障。在体育产业领域,体育用品行业、体育健身休闲行业等市场准入门槛较低,通过广告宣传与推介,能够提高市场竞争力;通过电视转播、媒体宣传等社会网络化手段,能够提高竞赛表演业的关注度,进而起到增强体育产业集聚增长的作用。

(3)城市化:服务经济增长与经济转型升级

依据产业结构演进理论、二元经济理论,城市化发展通过人口城市化、经济城市化、空间城市化、社会城市化等,推动经济转型升级和服务经济增长等,为体育产业发展创造良好条件。①从人口城市化对体育产业发展的影响看。人口城市化是城市化发展的重要表现形式,一般使用城镇人口占总人口的比重表示(即通常讲的城市化率)。改革开放以来,我国人口城市化逐年提升,2020年第七次全国人口普查城镇人口比重已经达到了63.89%。随着人口城市化不断增长,以及健康中国和全民健身等战略推动,大众体育消费呈现增长态势,并带动体育产业持续快速发展。②从经济城市化对体育产业发展的影响看。在"贯彻新发展理念,建设现代化经济体系"背景下,经济由高速增长转向高质量发展进程中,经济结构转型升级,对推动以第三产业为主的服务业发展起到了重要作用。广义上讲,经济城市化能够带来产业结构升级,即第一产业和第二产业在产业结构中的占比呈现下降趋势、第三产业在产业结构中的占比呈现上升趋势。通常意义上,体育产业被认为是第三产业服务业的范畴,需要一定的消费基础才能得以发展。可以认为,随着经济城市化进程的加快,城市化发展对促进体育产业发展起到了积极作用。③从空间城市化对体育产业发展的影响看。空间城市化是城市化的重要载体,表现在城市基础设施建设和公共服务供给不断增强,为体育产业发展提供了保障。随着空间城市化的发展,城市空间不断扩容和优化布局,服务经济快速增长,体育产业得到快速发展。④从社会城市化对体育产业发展的影响看。由于我国城乡二元结构的长期存在,区域社会经济建设具有差异性,如我国区域之间社会经济发展尚存在一定差异,体现在基础设施建设、城镇化进程、社会治理、产业结构等多方面,尤其是城乡和区域之间的公共服务非均等化,在一定程度上制约了大众消费结构升级以及服务消费提质扩容,这些因素也不利于区域体育产业协同发展。而通过促进社会城市化发展,有利于改善大众生活方式、增强大众健康意识,夯实体育产业发展的消费基础。整体上看,人口城市化、经济城市化、空间城市化、社会城市化等快速演进,为体育产业发展提供了良好的条件,同时也为体育产业与城市化耦合发展提供了现实可能。

4.影响体育产业与城市化耦合发展的可行性因素

(1)政治因素:政策和管理体制等不断完善

政治环境是体育产业与城市化耦合发展的重要保障,对引导、监管产业部门发展和培育消费具有促进作用。一个国家或地区的政治环境包括政治体制、制度、方针政策等。第一,从政治因素对体育产业发展的影响看。在体育产业发展过程中,体育产业政策和体育体制的差异,对体育产业发展具有重要影响。中国实施体育产业政策较晚,还没有建立一个相对完善的体育产业政策体系和体育管理体制。改革开放以来,中央和地方政府出台了一系列体育产业政策文件,在20世纪五六十年代,国家体委开始探讨体育社会化问题,体育产业领域开始出现了市场化运营模式,并提出了公共体育设施由行政管理型向经营管理型过渡,中国体育事业正式走上了产业化、市场化、社会化的发展道路。进入21世纪,国家体育总局先后出台了《体育产业"十一五"规划》《中国体育产业发展纲要》《体育产业"十二五"规划》《体育产业发展"十三五"规划》等,特别是2014年国务院"46号"文件的出台,体育产业迎来了前所未有的发展机遇。各级地方政府相继出台适宜于本地区发展的体育产业实施方案,国家体育行政部门和相关职能部门为了规范和支持体育产业发展,也出台了一系列相关政策文件,构成了我国现行的体育产业政策体系,为体育产业发展提供了良好的政策环境。第二,从政治因素对城市化发展的影响看。受到我国经济社会结构的影响,官方通常把"城市化"称作"城镇化",近年来又提出"新型城市化"的概念。此外,国家层面相继出台了《国家新型城镇化规划(2014—2020年)》《国务院关于深入推进新型城镇化建设的若干意见》等多项政策文件,提出新型城镇化是现代化的必由之路,并从积极推进农业转移人口市民化、全面提升城市功能、加快培育中小城市和特色小城镇、辐射带动新农村建设、完善土地利用机制、创新投融资机制等方面,为新型城镇化发展提供政策保障。

(2)经济因素:产业结构和资源配置等不断优化

经济环境是指国民经济发展的总体概况,经济环境既能够反映国民经济发展水平和速度,也能够反映市场需求状况和居民收入水平。第一,从经济因素对体育产业发展的影响看。体育产业是一种经济现象,体育产业中的主体行为属于典型的经济行为。通常认为,区域经济发展越好,体育产业发展相对越好。在新时代背景下,我国经济减速换挡,从高速增长向中高速转换,第三产业为主的服务业得到快速发展。体育产业不仅是现代化经济体系的组成部分,而且也是生活性服务业的有机组成部分。《体育强国建设纲要》指出,到2035年体育产业将成为国民经济的支柱性产业。随着多重利好政策的推动,体育产业与经济互动愈加密切,良好的经济发展环境有利于打造体育产业新业态,推动体育产业与旅游业、健康产业等融合发展。可以认为,良好的经济基础是体育产业得以发展的重要保障。第二,从经济因素对城市化发展的影响看。城市化发展的一个重要组成部分是经济城市化,表现在生产要素资源合理流动、产业结构优化升级等方面。城市经济学相关理论认为,城市经济增长是城市经济发展的前提和基础,没有经济总量的增长,城市经济难以有效提升。经济城市化反映的规模报酬递增效应和集聚经济增长效应,都是推动城市经济增长的核心因素。可以认为,经济因素(经济总量增长、经济规模扩大、经济结构优化等)对推动经济城市化发展具有重要作用。

(3)社会因素:消费结构和人口结构等不断向好

社会环境是一个广义的概念,包括文化传统、人口结构、生活质量等方面,其中影响较大的是文化背景和人口因素。第一,从社会因素对体育产业发展的影响看。社会发展状况是体育产业发展的重要外部构成环境,在全民健身热潮的大力推动下,社会环境整体向好。根据恩格尔定律对居民消费结构变化规律的描述,家庭收入增加,食品支出所占比例下降。随着文教娱乐业支出的上升,居民体育消费需求加大,为体育产业发展提供了强有力支撑。体育并不是生活必需品,只有居民收入达到一定水平才可能提高对它的有效需求。人口结构是社会因素的组成部分,而人口发展状况是影响体育产业发展的内在动力。人口数量和人口质量对居民从事体育消费有一定影响。人口增长率能够反映人口的增长速度,人口发展速度越快,数量越多,对从事体育运动和体育消费越有利。而让更多的人参与体育运动是精神文明建设的重要一环,是人口质量提升的重要体现。第二,从社会因素对城市化发展的影响看。人口城市化和社会城市化是城市化发展的两个表现形式。随着社会环境向好,人民群众收入水平大幅提升,大众的消费结构不断优化,人民群众对健康、教育、文化、体育等需求加大,能够促进社会城市化发展。改革开放以来,我国社会结构变迁,社会生产方式和生活方式呈现较大变化,农村人口向城镇流动是社会结构较显著的特征,这在一定程度上能够促进人口城市化的发展。整体上看,社会环境变化对体育产业和城市化发展具有积极影响。

(4)科技因素:新科技革命和产业变革等不断渗透

科技环境是指科学技术发展状况及其变化趋势,包括政府技术开发支出、产业结构状况、专利保护、互联网技术、新型发明与技术发展、科学技术转让率等。第一,从科技因素对体育产业发展的影响看。科学技术作用于体育表现在器物、制度和价值观念三个层面。科学的理论知识和方法广泛应用在体育领域,如体育装备、器材、建筑等广泛吸取材料科学相关知识;体育教学、训练、比赛广泛引入电子计算机、录像视频等技术;体育科研广泛引入先进实验仪器设备等。在体育现代化进程中,引进国外先进科学技术的同时,更需要引进先进的体育管理制度,摒弃阻碍体育事业发展的体育体制机制。在体育价值观层面,需进一步完善体育行为规范,形成健康的价值观。随着中国体育产业供给改革的深入推进,体育产品与服务的有效供给不足显得尤为突出,加强有效供给,科技是支撑。通过推动全民健身大数据平台建设、促进体育用品电子商务平台开发、加快发展体育O2O模式,使体育产业向智能化、高端化方向发展。推进科技化体育健身方式,为居民提供多样化、多层次的体育消费需求;繁荣体育竞赛表演业市场,让观众感受到高科技体育场馆带来的全新体验;开发体育用品电子商务平台,让人民群众感受到高端体育用品带来的运动便利。以科技为引领,提升体育产品和服务的供给质量。在"互联网+"战略下,体育产业借助互联网的政策风口,既是机遇也是挑战。推进"互联网+"与体育产业深度融合,打造体育用品与服务的电子商务平台,对促进全民健身发展,提升人民群众的体育消费热情具有积极意义。第二,从科技因素对城市化发展的影响看。科技环境对体育产业结构优化升级具有重要推动作用。在新科技革命和产业变革引领下,互联网、大数据、云计算等信息技术的广泛应用,对推动产业结构转型升级、服务企业创新发展、培育壮大新动能、促进我国经济由高速增长转向高质量发展具有重要作用。可以认为,科技的进步对加快推进人口城市化、经济城市化、社会城市化、空间城市化等进程,促进体育产业转型升级并迈向高质量发展具有积极作用。

(5)城市化为体育产业发展创造了良好条件

城市化为体育产业发展创造良好条件,有利于推动体育产业发展。第一,在扩大体育产业规模方面。在城市化进程中,城市基础设施逐渐完善、城市规模经济凸显,促进以第三产业为主的服务业发展,体育赛事、体育用品制造、体育场地设施建设、体育培训教育活动、体育传媒与广告等迎来良好发展环境,对推动体育产业规模扩大、促进体育产业集聚发展、优化体育产业空间结构以及布局等起到了积极作用。第二,在提升体育产业贡献方面。经济城市化进程加快,有利于增强城市经济发展动能、优化城市产业布局,在城市经济减速换挡和提质增效发展过程中,城市居民消费水平显著增强,为体育产业发展打下了坚实基础;空间城市化进程加快,有利于合理布局城市体育基础设施,对加大城市全民健身活动供给、繁荣城市体育活力、增强城市体育产业对经济的贡献、提升城市体育产业吸纳就业能力、促进城市体育产业高质量发展等具有积极作用。第三,在优化体育产业结构方面。体育、旅游、文化、养老、健康作为"五大幸福产业",都属于生活性服务业的组成部分,其具有某些相同的属性和特征。在城市化进程中,人口、经济、空间、社会等城市化指标相应增长,能够促进以健身休闲和竞赛表演为主的体育服务业与旅游、文化、养老、健康等融合,对促进体育产业的提质扩容、结构优化具有积极作用。第四,在夯实体育产业基础方面。人口城市化作为城市化评价体系中最为重要的指标之一,主要是指城镇人口占总人口比重(即城镇化率)。人口城市化进程加快,有利于扩大城市人口规模,提高参与型和观赏型体育消费人口数量,进而增强体育消费需求水平;社会城市化进程加快,有利于提高城镇居民人均可支配收入,而居民有进行体育消费的购买能力和购买欲望是促成体育消费的基础保障,城镇居民人均可支配收入的提高,能够夯实体育产业发展的基础。

五、从小微企业自身因素分析协调发展的必要性

第一,我国小微企业生命周期短,违约概率高。统计数据显示,我国小微企业平均寿命只有2.9年,据国家发展和改革委员会统计,2020年,我国小微企业,特别是我国小微企业的密集出口受到严重影响。其中主要为劳动密集型产业的纺织行业,我国小微企业关闭1万多家,而封闭的纺织企

业 2/3 都在亏损。

第二,内部管理不规范,财务透明度不高。我国小微企业的内部管理相对薄弱,财务管理没有制度上的限制。我国一些小微企业财务系统并不完善,财务透明度不高,财务信息失真的问题严重。

第三,我国小微企业抵押担保能力有限。我国小微企业固定资产较少,抵押品较少,抵押担保价值较低。根据民法典的规定和银行对担保管理的要求,这些企业难以获得贷款支持。

第四,一般来说,我国小微企业管理人员的素质低于大型企业的标准。然而,企业管理人员的素质对企业的生存和发展至关重要,高素质管理人员往往能够很好地管理企业,同时积极拓宽资金来源发展企业。

六、体育小微企业高质量发展的推进路径

(一)制定推动高质量发展的政策,培育适宜的营商环境

第一,深化"放管服"改革,进一步简政放权。政府应该转变职能,加快构建服务型政府模式,推动体育用品业联合会的发展壮大,赋予产业平台更多的管理权限,为企业的发展提供一个更为宽松的环境。我国体育产业企业数量众多,多为以外贸为主的小微企业,市场风险抵抗力小。因此政府应当加大资金扶持力度,降低体育产业在房屋租金、税收、物料等方面的成本,对新材料、新工艺、新技术的研发提供优惠政策,并运用政策调控引导企业树立绿色发展理念,促进体育产业的智能制造,从而增强对于风险的抗击打能力,推动产业的可持续发展,最大限度地为企业创造盈利空间。政府应该在追求优质供给的前提下最大限度地扩大市场需求,激发制造业发展的动力。在推动供给侧结构性改革的同时,政府应当结合时代发展趋势,通过政策倾斜助力新时代新兴体育项目的发展,努力提高国内对于体育用品的需求,为体育用品发展创造新的增长点。

第二,体育产业要结合自身现状与未来方向,积极研究政策导向,主动适应生存环境的变化,提高自身的竞争力和供给能力。体育小微企业应顺应时代潮流,结合具有巨大市场潜力的新兴运动项目,紧抓体育消费需求增长的发展机遇,引领企业开发新产品与新工艺、探索新发展模式,围绕人民健身重大共性需求与国际大型体育赛事的要求,研发冰雪运动装备以及个性化定制产品以提高有效供给,提高顾客对于自身品牌的认同从而加

速体育产业转型升级。

第三,政府与行业协会还应该加强市场监管力度,强调事中与事后的监管,避免过多的事前干预。政府应制定知识产权的保护政策与措施,完善监督体育产品质量的法律法规,加大对企业产品的检查与监管力度,对于问题产品、侵权事件应该加大惩罚力度,切实保护产品用户以及企业的合法权益。产业协会应该构建信息交流平台与组织机制,有效降低市场可能出现的恶性竞争、信息不畅等情况,从而为产业发展培育优良的环境。

(二)加大技术创新投入,重视体育产业人才培养

一方面,加大技术创新,不断提高产业的有效供给能力。国际经验显示,技术研发投入占销售额比例在1%以下的企业是无法长期生存的,在2%以下的企业仅能简单维持,只有达到5%~10%的企业才具有核心竞争力。从政府层面来说,应该积极制定相关政策引导企业进行技术创新,加大对于企业创新项目的支持力度;对于体育产业而言,为了促进高质量的发展,应当结合新时代个性多元的体育消费需求,加大在材料、技术、产品功能等方面的研发成本;形成并完善拥有自身核心技术的创新体系,不断提高产业的有效供给能力。体育小微企业应结合新科技革命,充分利用当前大数据、人工智能等技术提高劳动生产率、降低产品耗能、提高产品的质量,促进体育制造业转变为绿色、智能、高端制造业。

另一方面,加大体育产业人才培养力度。体育产业涉及机械制造、设计学、管理学等多种学科,企业可以通过创新理论研究和引进创新人才的方式来提高运营管理能力,设立研发中心以及商学院,建立以体育产业为主体、体育用品市场为导向、产学研深度融合的技术创新体系,将企业、高校、科研单位的优势组织起来,大力培养体育产业复合型人才,提升人才专业技术能力。促进高校、科研单位与企业之间的人才交流、成果共享,促进科技研究成果转化,推动我国体育产业的智能化发展,进而提高体育产业的创新能力。

(三)创新产品营销模式,提升品牌市场影响

第一,创新产品营销模式。体育产业应当转变营销策略,积极打造网络化营销平台,充分实现线上线下的融合发展,努力提高自身风险防范、互联网销售的能力,进一步提升品牌竞争力。通过平台,一方面,可以根据网络反馈了解大众偏好和消费特征,创造性地研发体育智能产品;另一方面,借助网络平台进行品牌宣传推广,提高用户熟悉度以及忠诚度,实现体育小微企业的长足发展。

第二,打造产业互联网平台。在"加快形成以国内大循环为主体、国内国际双循环相互促进的新发展格局"背景下,体育产业应着眼我国经济中长期发展作出的重大战略部署,充分利用自己所具有的产业聚集特征,打造产业互联网平台,充分发挥平台的数据汇总、资源调度、数据分析等优势,帮助体育小微企业实现线上线下销售融合,对接用户需求和企业生产,助力体育产业开拓市场,解决需求疲软问题。

第三,提高品牌影响力。企业可通过收购或者合资等方式利用国际优秀品牌来提高自身品牌价值,利用品牌效应来开拓市场;深挖用户需求,及时发现市场机遇,根据市场需求创建自身的附属品牌;体育小微企业应与有影响力的协会、赛事、品牌等进行合作,通过联名产品或者文化创意产品深挖自身品牌价值。

(四)加快产业融合步伐,推动服务型制造发展

一方面,重视数字经济发展,创新体育制造的生产方式与运营模式。在新冠肺炎疫情的影响之下,新产品供给也面临着有需求无供给的尴尬处境,集中体现在劳动力不足、物料短缺和产业供应链受到冲击等方面。数字经济以信息通信技术的重大突破为基础,融合发展能够增强企业创新能力,发展新兴业态,促进生产效率提高、成本降低。数字经济背景下,企业能够更加准确及时地挖掘并分析出用户需求、市场特征,通过建立以平台为主流的商业模式,促进线上线下营销活动更好地相互融合,方便企业寻找客户资源,并为消费者提供更加便捷的服务,满足顾客个性多元的新型体育消费需求。同时,数字经济能够利用数据链优化供应链,延长价值链。数字技术能够与产品设计、生产制造、产品营销、售后服务等多个环节较好地融合,应当充分利用当前的互联网大数据、5G、人工智能等技术发展体育用品智能制造,从根本上改变传统体育制造的生产方式与运营模式,加快企业智能化发展,减少产业对于人员的依赖作用,缓解体育产业人力成本上涨较快的经营压力,不断增强体育小微企业抵抗风险的能力,提高劳动生产率、资源配置效率和经济效益,不断增强体育小微企业核心竞争力,推动体育产业发生智能化变革,实现从当前的依靠劳动力优势、

资源优势驱动的方式转向创新驱动,实现效益的最大化。

另一方面,加快产业融合,推动促进体育产业和服务业融合发展。数字经济与体育制造多环节的融合增加了制造生产中的服务要素投入,提升整个产品生命周期中产品与服务的质量,拓宽自身的业务范围,促进产业向具有高附加值的价值链上游扩展并向下游服务延伸,为消费者提供富有服务内涵的体育产品以及依托产品的一体化服务。体育产业和服务业融合发展,有利于实现要素整合和各环节竞争力的统一,提升用户的体验价值,从而提高体育产业的供给质量,满足人们不断变化的多元体育需求。

七、实例研究——体育小微企业与旅游业融合发展的必要性与可行性

(一)体育小微企业与旅游业融合发展的必要性分析

1.融合发展的理论意义

随着社会经济的快速增长,人们对于文化娱乐产业的要求越来越高,而现有的单一产业已经远远满足不了人们追求有体验感的、健康的精神需求,所以产业的融合发展应运而生。产业融合可以将产业之间壁垒打破,使得相关产业更好地进行衔接和整合重组,建立一条新的价值链。而体育小微企业也在这种背景下不断地与相关产业融合,提高了产业多样性,促进了产业发展。在学术方面,不同的学者对于产业融合都有着不同的看法和理解,但综合来看,都可以统一于一个方面,都认为产业融合就是通过产业的分解重组形成新的产业链,扩充相关产业市场并形成新的产业发展模式,从而达到"1+1＞2"的产业融合效果。

在体育小微企业与旅游业融合的过程中,旅游产业通过将体育项目、互动等融入旅游,形成新的旅游模式,不仅吸引了大批消费者,扩充了旅游业市场,而且对于体育小微企业来说也突破了发展的瓶颈,满足了消费者的需求,改善了体育小微企业的结构模式,使体育小微企业又打开了新的发展市场。

(1)融合共同点

旅游业主要是一个为人们提供娱乐、休闲等体验而产生的产业,人们通过旅游活动来感受大好河山,体验风俗人情,放松身心。这与体育产业中的休闲体育、户外体育等不谋而合。旅游业以其丰富的旅游景观资源为

核心,同时涉及交通、住宿、餐饮等方面。旅游业的蓬勃发展与其配套服务密不可分,比如交通可以为旅游业扩大受众面,交通的发达与否与体育小微企业也存在极大的关系。比如开设青少年户外活动中心,家长选择出行的首要影响因素就是交通,人们通过交通工具到达活动中心,并且交通状况也影响着人们的选择。

(2)融合动因

技术的提高不断地将体育产业与旅游业的活动拉近,也在一定程度上促进了两者的整合。自21世纪以来,我国的科研成果、文化成果不断涌现,如出现了生物医药、互联网信息技术、航空航天、高铁等创新技术,极大地推动了我国经济的发展。这些技术的出现也不断地冲击着体育小微企业,"全民健身、大健康环境"的提出使得我国体育部门也开始进行了产业改革和创新。近几年,体育健身俱乐部、体育传媒、教育培训等的发展都将体育从专业化向大众化推进,3D技术也在体育教学、展览中应用。这一系列的体育产品走向市场,不仅使体育产业慢慢在中国有了一席之地,也在无形之中改变了人们的思想意识、消费观念。在体育产业市场化的过程中,体育技术与旅游技术慢慢融合,使得体育产业中的体育赛事、户外运动等板块逐步成熟。并且近几年旅游业的发展也开始加入以休闲娱乐、放松身心、体验教育等为目的的体育项目,不仅丰富了旅游业本身,也促进了旅游业的多元化发展。

体育小微企业与旅游业的融合发展,不但保留了体育小微企业以体育为主,强身健体的特点,而且还向更多的人展示了体育项目的魅力,推动了体育产业经济的发展。旅游业同样因体育产业的融入得到了资源与项目,提升了旅游的体验感与内涵。二者构建出了一个相互联系,协同发展的产业融合态势,与此同时,也提高了社会的经济和社会效益,实现了产业双赢的局面。

2.融合发展的实践意义

近二十年来,我国体育小微企业一直保持良好的发展势头。近几年,由于政策利好的驱动,市场上涌现出大量的体育企业,一方面使得我国体育产业规模迅速增长,另一方面,又导致体育市场呈现激烈竞争的格局,并暴露出传统体育产业发展中存在的一系列问题,首先就是相对单一的体育产业运营发展模式。

第一,体育产业相对其他娱乐产业对于自身的定位较为狭窄,在娱乐产业中,唱歌、舞蹈剧、电影等这些项目都以大众化、娱乐化为主,满足人们日常的娱乐需求,但体育的专业性让很多人望而生畏。它与其他娱乐产业的竞争不存在优势,所以,体育产业的发展首先就需要增加自己的娱乐性,扩大体育产业的市场占有率,实现自身产品的多样性与多元化,这样才有可能使体育产业在众多的产业中脱颖而出,拓展自己的发展空间。

第二,由于地区、人们爱好、政府政策的不同,人们对于体育产业的偏好也各有不同,我国体育发展不均衡的现象十分严重,比如不同地区经济发展不同,城乡发展情况也不同,从体育项目上来看,我国篮球、乒乓球、足球项目分布广泛,人们参与程度高,项目开展十分火爆,反观游泳、网球、田径等项目却发展缓慢,大众普及程度低,参与者大多数都是专业运动员或者少数爱好者。

第三,体育部门对体育产业的规划发展也不合理,没有形成产业链,只注重局部体育产业发展,比如体育赛事、体育教育培训、体育俱乐部等方面近几年快速发展,但在公共体育服务、社区体育服务以及农村体育服务等方面,明显表现出发展不足,需要优秀的企业来填补空缺。当前形势下,我国有规模且开放的体育场地并不多,这些问题都需要相关部门与当地体育部门协助,在市场机制的调节下进行产业的兼并整合,健全企业架构,实现体育产业可持续发展。

最近几年,体育产业的发展速度加快,在GDP中的占比也逐渐提高。各个地区的政府都开始关注体育产业与旅游业的融合发展,使得体育产业规模迅速扩大,这样不仅有助于提高体育产业在市场中的比重,提高体育竞争力,更有利于丰富旅游业的内涵与形式,推动两大产业的共同发展,进而带动本地区经济结构的转型升级。总之,无论是体育丰富旅游业内涵,还是旅游业扩充了体育产业的发展路径与媒介,在整体看都是利远大于弊,都显示出了产业融合的巨大力量。

(二)体育小微企业与旅游业融合发展的可行性分析

1. 融合发展的政策分析

体育产业是一个新兴的具有强大生命力的产业,也是第三产业中不可或缺的一部分,随着国家经济和社会的发展,国家决定将"全民健身战略"上升为"国家战略"。

46号文件中指出：至2025年，我国的体育产业总规模要达到甚至超过5亿体量，同时提出我国提升人们身体素质和健康水平的主要途径就是发展体育产业、体育事业，推动体育的普及，满足人们对于生活娱乐的要求，从而培育新的经济增长点[①]。46号文件出台后，我国各级地方政府都积极采取搭建体育平台、引入品牌赛事、建设15分钟健身圈、发展全域旅游等措施，推动地区体育产业发展成为促进体育产业与旅游业融合发展的重要动力。随后，国务院又相继颁发了《关于加快发展旅游业的意见》《国民旅游休闲纲要（2013—2020年）》《国务院办公厅关于进一步促进旅游投资和消费的若干意见》等文件，文件强调：结合旅游业，找寻并培育新的体育消费热点，推进体育产业与旅游等相关产业的整合重组，努力开发适宜大众休闲的体育旅游项目，积极推动体育健身旅游、户外体育旅游、自驾游、骑行等体育旅游活动，加强体育竞赛表演业、体育健身业与旅游业的融合发展，努力做到体育场馆的全域开放，提升体育服务业的标准，努力建设集体验、体育项目、养生、观光为一体的全国特色旅游小镇，鼓励社会资本的进入及开发，发展与体育旅游相关产业链。

通过深化体育改革，推出一系列改革措施，在一定程度上助推了体育产业与旅游业的融合发展。首先，决定取消大型赛事的赛事审批，这一举措提高了各大城市申办、举办和承办体育赛事的积极性，推动了体育竞赛业与旅游业的融合发展，也掀起了以赛事为主的城市旅游热潮。同时，《全国性单项体育协会竞技体育重要赛事名录》的发布也表明了国家对于体育赛事的放权与监管，使得赛事成本降低，更有利于提升赛事质量。其次，我国陆续出台《全国冰雪场地设施建设规划（2016—2022年）》《水上运动产业发展规划》《冰雪运动发展规划（2016—2025年）》《航空运动产业发展规划》和《山地运动产业发展规划》等指导性规划文件，既指明了未来体育产业的发展方向，又促使相关体育项目重塑体育产业未来发展模式。最后，利用各级各类科研交流平台（如体科会、高峰论坛、体博会等），充分发挥科研队伍的作用，鼓励体育研究人员在体育产业融合发展领域开展研究工作，探索体育产业融合发展的新模式、新路子、新举措，进而指导体育产业融合发展。自此，体育产业融合发展不再是纸上谈兵，而是落到实处，

---

① 徐严明，陈洋. 浅析国发46号文对体育用品制造业的影响[J]. 西部皮革，2018，40（02）：55.

一步一个脚印地跨界融合。

2.融合发展的市场分析

产业融合既可以增强产业发展的竞争能力,又能够拓展市场空间。以河南省体育旅游市场发展变化为例展开分析,过去的十年是河南省旅游业发展历史上十分重要的十年,无论是在旅游景点开发、旅游消费者流入、接待消费者总数、旅游配套服务,还是在省内GDP、酒店、景点等经济收入方面都有着较大的提升。在2008年奥运会之后,河南省政府还提出了"旅游立省"的发展战略,旨在推动河南省旅游业发展,促进全省经济快速发展。

近几年,单纯的景点观光旅游处于下行状态。在此情形下,融合发展为旅游业发展寻找到了新的出路。体育元素的注入,使体育项目与旅游项目有机结合,克服了传统旅游简单观光巡游、缺乏体验感的弊端,为旅游业增添了新的生机。近年来,河南省通过举办大型体育赛事,如"郑州国际少林武术节""国际太极拳年会"等,吸引了大量的观赛游客,在发展旅游经济的同时,又宣传了河南省丰富的地方文化,展示了地区形象。其次,河南省对体育旅游融合相对重视,省政府还发布了一系列促进体育旅游融合发展的政策,使得河南省体育旅游迅速发展。

第二章 体育小微企业的组织结构及自组织产生的内部条件

第一节 体育小微企业的组织结构

一、企业组织结构理论

(一)组织结构相关理论

组织结构理论是伴随着企业的组织管理发展起来的,实践是其产生与发展的土壤。组织结构理论的不断发展也是一个十分漫长的过程。

早期的组织结构理论通常被称为古典组织结构理论,是以职能管理为标准来构建组织结构的,代表人物有泰罗、法约尔、韦伯等。在这一时期,组织结构理论完成了组织结构由集权向职能侵权发展的创新,由直线制组织结构发展到职能制组织结构,最后实现二者的整合,即直线职能制组织结构。此时的古典组织结构理论是比较倾向于静态研究的。

进入20世纪30年代后,行为科学组织结构理论开始走上舞台,并且将理论研究发展为动态的研究,与人的心理反应结合起来,代表人物是梅奥和巴纳德。人在组织中的主观作用和心理变化得到了研究人员的重视。同时,行为科学组织结构理论还系统地研究了非正式组织,并得出结论,认为非正式组织对正式组织有效运行有着巨大的影响力。

1945年后,组织结构的相关理论进入发展的高峰期,系统论被引入组织结构理论,并得到了进一步的发展,代表人物有卡斯特、德鲁克、明茨伯格等。这一时期的外部环境复杂多变,因此研究也侧重于对组织结构与环境之间的互动关系,相应的组织结构也具有灵活多变、形式多样、适应性强等特点。

(二)组织结构基本形式

目前来看,企业的组织结构主要有三种基本形式,即 U 型结构、M 型结构和矩阵型结构[1]。

U 型结构是指直线职能制结构,是早期古典组织结构理论的产物,又被称为生产区域制或直线参谋制,也可以把这种结构看成是早期直线结构与职能结构的整合体。直线职能结构是现代企业中最常采用的组织结构形式,具有层级森严、集权度高的特点。这种组织结构既可以实现组织管理体系的集中,权责清晰,还可以充分发挥各职能部门的优势,但同时也不利于各部门之间的沟通,工作效率受到一定的影响。因此,直线职能制组织结构多用于企业发展的初期或是决策信息少的企业。

总经理配备助理办公室,办公室的主要任务是发放通知,管理企业职工的邮件。总经理下设人力资源部、市场营销部、产品开发部、产品生产部、财务部等。其中,人力资源部负责管理人事档案、员工业绩考核、新员工招聘,市场营销部负责销售商品和开拓市场,产品开发部门负责新产品的研发和推广,产品生产部门下设 A、B、C 三条生产线,负责产品的生产,财务部门负责企业预算决算、人员开支等。

M 型结构又称为事业部制组织结构,因为是由美国通用汽车总裁斯隆提出的,因此还被称为"斯隆模型"。事业部制组织结构是集权与分权的结合,一个公司通常分为若干个事业部,划分的标准有所不同,可以按区域或产品进行划分,总公司保留决策、控制和监督等权利,但具体事务由各事业部自行负责。这种结构一般比较适合企业规模大、产品种类多、目标市场大的企业。

总公司下设事业部门和多个平行职能部门,事业部门分管诸如 A、B、C 等多个事业部,每个事业部之下,又分设具体职能部门和产品生产部门。

矩阵制组织结构,因既有按职能划分的垂直领导系统,又有按产品划分的横向领导关系的结构而得名。其实,矩阵制的组织结构多用于为了完成某一项目而临时形成的部门或项目小组,组织的成员多是从各部门抽调而来的人员,目的是更高效地实现工作目标。这种组织结构最大的优点就是高度灵活,不受职能和部门的限制,可以说打破了直线职能制组织结构

---

[1] 刘刚. 供应链管理环境下企业组织结构的变革[J]. 甘肃社会科学,2005(01):173-176.

和事业部制组织结构的所有界限,但缺点就是管理难度较大。

总经理下设多个职能部门,形成按职能划分的垂直领导系统;同时,总经理直接管理着临时形成的项目小组,这些小组形成了产品划分的横向领导系统。各职能部门要和各项目小组机动配合,共同完成组织目标。

(三)组织结构发展趋势

近年来,体育小微企业的发展越来越快,其外部环境与内部环境都在迅速地发生变化,而企业的自身发展状况也都各有不同,会在不同时期有不同的战略发展目标,因此,体育小微企业的组织结构的发展变化也呈现出了一定的变化趋势,主要表现在三个方面。

第一,体育小微企业的组织结构不断向扁平化方面发展。早期的组织结构,中间的管理层次众多,主要结构呈现纵高的形态,主要是考虑到这样的组织结构在体育小微企业的发展初期,由于结构严谨也便于监督与管理,而且分工也十分明确,各司其职即可,但久而久之,容易形成效率低,机构臃肿等问题。随着竞争的日趋激烈,竞争市场对企业的工作效率和应变能力也提出了更高的要求。扁平化的发展是指尽量减少组织结构的中间层级,同时拓宽横向的管理幅度,这样,一方面可以减少不必要的人员设置,提高工作效率,降低管理成本;另一方面还可以加强上下级之间的信息传递速度和平级之间的信息交流与沟通;同时,由于管理的幅度加大,下级的自主权力更多,参与企业决策的机会也相应增多,可以提高员工的参与度,增强员工的使命感,激发员工的潜能与积极性,有效控制体育小微企业员工流动的相关问题。但是,值得注意的是,扁平化的程度一定要控制在合理的范围内,过度的扁平化就会使上级的负担过重而出现管控不当的危险。

第二,体育小微企业组织结构的灵活性不断加强,也可以说是不断向柔性化方向发展。体育小微企业的内外部环境变化是十分迅速的,因此,固定不变的组织结构已经无法满足体育小微企业的发展,要求体育小微企业的组织结构要重视与内外部环境的联系,能够根据内外环境的变化以及企业战略目标的发展随时进行微调与创新,具有高度的灵活性。在这里,企业的组织结构是一个动态的组织,具有较强的机动性,可以说矩阵型的组织结构就是灵活性的完美体现,为高效地完成某一项目,可以随时机动地成立专门的立项小组,在资源无限共享的今天,调动企业内最适合该项目的资源来合作完成,也就是实现了资源的最优配置。现如今,已经没有一成不变与普遍适用的组织结构,只有因势而动与因时变化的组织结构。僵硬刚性的组织结构只能限制企业竞争力的发展,只有灵活多变、柔性敏锐才是组织结构发展的未来。但构建灵活性的组织结构时,一定要注意保证组织结构的稳定性,灵活并不代表着松散无序,内部管理的稳定是一切存在的前提,组织结构也一定是稳定性与灵活性并存。

第三,体育小微企业的组织结构不断向网络化发展。早期的组织结构是纵高型的,一层一层,而现在的企业的组织结构不仅要变"矮",同时也不再是逐层分明的,而是呈现交叉的网络化发展。如果说组织结构里的每一部分是一个点,过去的每个点面对的是一个点或者两个点,今后组织结构里的每个点就会面对多个点。组织结构并不再是单纯的垂直发展或横向发展,信息沟通及团队合作的重要性都要求组织结构呈现网络化发展的趋势。网络化的发展,一方面可以提高企业内部的沟通协调与信息传递,使企业的工作效率提高,进而提高企业的核心竞争力;另一方面还可以最大限度地实现组织结构的灵活性。如果说扁平化和灵活化发展趋势是组织结构早期的发展趋势,那么网络化就是组织结构发展的最终趋势。但是网络化的组织结构,并不是盲目交叉、混乱无序的组织结构,而是组织结构各部分之间紧密联系、高度合作的结果。当然,网络化也有着另外一层意义,随着科学技术的不断发展,信息的传递早已走过了口口相传的年代,而是充分利用计算机网络科学技术进行数字化的传播,而组织结构的变化也必定会受到科技发展的影响,不断向"网络化"发展。

(四)组织结构创新的影响因素

组织结构创新的影响因素很多,并不是在单一影响因素作用下发生的,而是在多种因素的综合作用下促成的。影响组织结构创新的因素主要有以下几个方面。

1.政策因素

当今社会无时无刻不在发生变化,随之而来的压力也就促使企业的组织结构要做出一定的变化来应对,而政府政策的倾向性直接影响着企业的组织结构发生变化。企业的组织结构只有适应当下发展政策,才能在最大程度上减小企业发展的阻力,并实现企业的可持续发展。

2.需求因素

这是企业进行组织结构创新的内在驱动力。企业都有一定的战略目标,企业在不同的发展阶段,会制定不同的发展战略与发展目标。为了满足发展的需要,企业的组织结构也要做出相应的调整,做出创新。特别是在企业发展壮大到一定阶段之后,务必要通过组织结构的创新来实现核心竞争力的提升,来实现企业规模在质的方面的变化。因此,需求因素是组织结构创新的核心影响因素。

3.技术因素

科技的发展速度是远远超出预期的,信息技术日新月异。而企业想要走在同行的前列,务必要在科技的运用上跟上其更新的步伐。因此,企业的组织结构也必然会受到影响。落后的技术必然会影响企业的工作效率,导致竞争实力的下滑,而新的技术也必然需要新的组织结构来运行。

4.人才因素

组织结构要求企业人力资源合理配置,使其效用最大化。人才是企业发展的根本,优秀的企业才能吸引优秀的人才,合理的组织结构才能使人才最大限度地发挥其才能。而人力资源不仅会因为人事变化而发生变化,还会因为人的才能变化而发生变化,因此,企业的组织结构也要随之发生改变,进行合理化的创新。

二、体育小微企业的组织结构

卡斯特、罗森茨威克揭示,组织架构(organizational structure)是表明组织各部分排列顺序、空间位置、聚散状态、联系方式以及各要素之间相互关系的一种模式。坎特点明,大型企业要想在市场瞬息万变、科技创新发展快速更新的环境中生存,就要让自身拥有像老鼠一样迅速而敏捷的弹跳。达夫特在《组织理论与设计》中提出,组织架构的观点范围的主旨主要集中在三点:第一点,高效的资源获取和分销系统,密切的监督管控,严格的成本控制,在组织设计上就应是明确的职责分工和责任、高度的集权;第二点,部门之间密切协作,鼓励创新,在组织结构设计上应流程为主,体现团队运作;第三点,强调贴身服务,增强客户的黏性,组织结构设计上应以客户为导向,与客户直面接触,高层指导与下属决策在特定目标上结合。

组织优化研究的切入点不一样,得出的研究结果就有差别,不过全球相关专业的研究人员大都赞成,组织架构的重点要素最重要的三大点有:规范化(Formalization)、复杂化(Complexity)和集权/分权化(Centralization & Decentralization)。

组织结构是一个公司在长久的经营管理下形成的,其主要的特点是长期性和关键性,具体表现在以下几个方面。

体育小微企业在组织结构上有划分部门结构和成员工作内容的分配标准;有层级结构明确地表示上下级关系及其领导人管理的区域;有内部不同部门、不同层级之间的相互协作。除以上两个关键性特征之外,还有其他几个特征,即规范性、复杂性。其中,规范性指的是组织内部能够严格按照规章制度来规范人员和工作。复杂性指的是,当企业发展到一定规模时,规章制度、人员、业务都在不断地变化着,从而导致不同组织机构间沟通和交流也变得越来越复杂。

组织,是以系统工程学为理论基础的。企业不论大小,都是一个系统,由许多互相联系、互相制约的部分组成。企业又与其他企业共同构成了一个更大的系统。企业有一个总体目标,要求各个组成部分都为这一目标服务。各个部分都有自己的直接目标,但实现这些直接目标必须为总目标服务。如何使各个部分的直接目标与总体目标相协调,达到最佳化,就是系统分析。组织,就是对这些部分(包括其最小部分一个人)进行的有效组合,以期建立一个高效率的机构。组织有三个环节:①划分任务;②任务部门化;③授权。即先明确总目标及从总目标分解出来的分目标,然后根据任务的需要划分部门,设立机构,最后授权给这些部门,使他们能有足够的权力来完成分给他们的任务。

三、体育小微企业组织结构特点

组织结构作为一个动态的、复杂的、规范性的有机架构,直接决定了资源配置的有效性和使用率,我们需要根据组织结构的特点和企业未来发展的目标,进行不断的调整,使其成为一个成熟健全的组织结构,其特点表现为以下内容。

(一)各层级间的职权清晰明确

不同的组织结构由不同的层级构成,不同的层级因其职权的不一致又有不同的职权权限。

(二)分工协作

进行组织分工的根本性目标是为了保障企业的更好发展,通过企业分工我们可以发挥各成员的专业特长,明确部门负责人及员工的责任、义务,不同业务和不同员工、不同职能层级部门之间通过分工、协作,促进了组织目标的顺利达成。

(三)沟通协商

任何企业在发展中,都会存在不同部门、员工之间由于合作而导致的权责不清、交叉衔接、纠纷矛盾等问题,这时我们就需要通过沟通协商机制来解决对应的问题。

(四)合理边界

企业处在可控的边界之内能够保证组织结构的由下运行,当超过这一边界时,可能会导致企业崩溃、财务困难等情况出现。

四、体育小微企业组织结构的发展趋势和创新

(一)组织结构的发展趋势

目前,组织结构主要有以下几个发展趋势:①扁平化越来越广泛。现有的企业更多倾向于构建简化的组织结构,主要是通过两个手段进行简化,即扩展管理范围和缩小管理层级,转变传统的金字塔式为扁平式。通常来说,组织内部管理层次越多,企业内部传达任务的效率就会越慢,因此我们可以通过减少管理层来优化、缩短企业组织内部的传达路径。另外,扁平化式还能帮助企业内部的员工进行更顺畅的沟通,减少了不同层级之间的信息阻碍,弱化了信息的偏差传递,通过这种方式,部门内部的负责人也能较好地掌握员工的工作动态。②网络化越来越常见。随着现代信息技术的深入发展和科学的普及,运用相应的管理工具、结构化技术来帮助组织结构的管理变得越来越常见。通过网络化能够有效建设信息传递的中间层次,简化了信息和知识的传播路径,且使得组织间的横向交流变得无障碍,从一定程度上大大提升了员工的工作效率。③无边界的柔性化结构。技术的引进,使得组织结构的发展越来越倾向于无边界化,这种手段能够消除不同部门之间人员的沟通不畅,在一定程度上也提高了组

织的灵活性。

(二)组织结构创新

组织结构的创新主要表现为以下两方面:①创新即设计和产生新型组织结构,通常我们可以变更组织架构、组织类型、不同部门之间的职责内容、重新设计工作流程、改革传统薪酬制度等。②变更组织结构的关键维度和结构,通常我们可以进行资源、职能、人员的整合或重组,优化组织结构内部的管理层级,进行组织内部权力分散等。理论研究表明,组织内部的机构相对于外在的机构更为稳定,针对小微企业现存的问题,依据现有的形式、组织结构,取其精华,进行变革、调整和优化原有的组织结构,即组织结构创新。因此,我们用第二种方式来进行组织结构创新。主要的创新手段即变更组织结构内部的权责、人员和层级等。

五、组织结构创新对体育小微企业发展的作用

组织结构创新是体育小微企业发展的前提条件。企业想要生存发展,就必须适应外部市场环境压力,形成自身发展的能力。因此,体育小微企业想要稳健地发展,就必须重视企业的组织结构创新。

(一)组织结构创新促进体育小微企业不断发展

组织结构创新是体育小微企业发展壮大的动力源泉,在其众多作用中,促进和支持企业不断发展是其最重要的功能。所以,要想实现企业的各种战略发展目标,组织结构的创新必须得到重视。现在的许多体育小微企业对组织结构的调整都存在"头痛医头、脚痛医脚"的现象,即局部调整频繁,然而却缺乏整体宏观调节意识。对组织结构规划没有整体的设计,势必会导致企业成长的需要不能被满足、组织结构阻碍企业发展等问题的出现。因此,先进的组织结构是体育小微企业发展的不可获缺的条件,具体表现为实现企业发展的质和量,用非静态差异化的组织形态去满足企业发展的要求,与企业不同发展阶段相适应,适应企业发展战略的要求。企业创业初期采用的组织结构为简单型,规模扩大后组织结构为职能型,为了适应后期多元化的发展战略,组织机构应变革为事业部型。美的集团就是组织结构创新促进企业发展的最好范例。在创业初期,美的集团只是用600美元建立的街头小厂,在其短短10多年的发展过程中,美的集团的每一次组织结构创新都促进了企业的极快速成长,从创业初期的营销系统

与生产系统相互独立,到发展中期的品质管理成为单独部门,再到20世纪90年代中期的事业部制、末期的企业组织结构重组,美的最终发展成了坐拥11亿美元的大型企业。

(二)组织结构创新满足战略发展的需求

不只是大型企业,体育小微企业也有自己的发展战略。战略发展是以组织结构创新为前提的,对一个企业来说,战略决定企业的主要活动方向,所有企业内的活动都是为了完成战略目标而实施的,包括企业的组织结构设计,因此战略对企业的资源配置起到决定性的作用。企业的战略发展是不断变化的,随着外部市场变化及内部环境变化,企业的战略也会随之调整,这就要求企业组织结构创新与战略的发展相匹配。大多数企业在经历了初始创业期的艰难后,开始扩展企业的经营范围,在扩大企业规模的同时,也开始整合调节企业整个的组织结构,从而发展新的战略。然而,在实际情况中,许多体育小微企业在调整发展战略时,经常没有相适应的组织结构创新与之相匹配,有的尽管有局部的组织结构变革,却不足以满足新战略的发展要求。初始阶段,企业经营运转,管理活动或许看不出什么问题,一旦管理层意识到组织结构创新的重要性时,往往就是该企业走向末路的开始。而另外一些在战略调整的初期就进行组织结构变革的企业往往能取得成功。从这一角度,许多大企业在发展中为适应其全球战略随时调整组织结构,使其组织结构网络化,与其发展战略相匹配,做法值得众多体育小微企业学习。

(三)组织结构创新有利于体育小微企业招贤纳士

在现代社会,人才的竞争才是企业竞争的本质。而在企业的各种资源中,人力资源是其中最具能动性的。人力资源匮乏这一问题,在资本薄弱、规模小的小微企业中尤为显著。加强人才吸纳是体育小微企业发展的当务之急。尽管很多体育小微企业早已认识到人才匮乏问题的严重性,并采取了出让股份、提供培训机会、给予丰厚待遇的激励措施,然而,只有为数不多的企业将此种激励制度体现在组织结构创新上。在这一方面,也有做得较为成功的企业,比如说中国平安保险。为了配合中国内地保险业务的开拓,平安保险公司拟定了"龙腾主管"专案,去我国台湾地区聘请富有经验的保险业务主管,来弥补企业内部相关业务培训管理人员不足的问题,招贤纳士以后,平安及时进行企业内组织结构变革,特别创立相关业务培训部门,给予这些业务主管充分的权利,他们被企业授权负责部门内全部的事务,包括新进雇员的招聘与培训。此外,企业还给予这些业务主管丰厚的薪金待遇,诱人的事业成长空间,以及大量的培训机会。这就是权力与责任对等的组织结构调整,既培养了足够数量的业务人员,又留住了具有管理知识及技能的高层管理人员。

(四)组织结构创新是体育小微企业技术创新的有力支撑点

多个客体子系统的有机组合,才构成了体育小微企业技术创新这一复杂的系统性活动。一般来说,客体子系统指的是营销创新、管理创新、组织创新、工艺创新、产品创新五个方面。其中组织创新是体育小微企业技术创新的组织保障。企业不断的技术创新需要有相对应的组织结构创新与之相匹配。因为技术创新过程是在企业内部实施的,所以企业的技术创新效率势必与组织结构创新息息相关。企业家将各种生产要素用新的模式组合起来就是创新,而将这种创新融入生产体系,就会导致生产方式的改变,从而形成一种新的技术。因此,当企业当前的组织结构创新不能匹配技术创新、产生新的生产要素组合时,就要求企业家引入一种新的组织结构形式去促进创新。

(五)组织结构创新有利于提升体育小微企业核心能力

在世界新经济条件以及经济全球化的背景下,企业面临的外部市场环境发生了翻天覆地的变化,对企业而言,不再只是企业服务或是企业产品的竞争,而是企业核心能力的竞争。企业核心能力是一种具有动态性、不易替代性、难以模仿性、异质性的核心知识及其运作水平的集合。这种核心知识及其运作水平的集合是一种无形资产,通过整合并提升企业内的各种资源及其价值,从而有助于企业提升持续竞争优势。因此,形成并培养企业的核心能力对许多仍然处于成长发展阶段的体育小微企业就显得尤为重要。但是,我们必须意识到的是,核心能力只是体育小微企业具备市场竞争优势的前提条件,而竞争优势并不是拥有核心能力的必然结果。因为企业经营是复杂的系统性活动,只有在企业的各个相关能力包括核心能力相互高度匹配时,企业的整体实力才会有所提高,企业才会成功。而企业想要正常地发挥各个经营管理要素,就需要组织结构这个载体,因此为了企业的核心能力能有所谓的支撑点或是发展的平台,企业就必须要有合理的组织结构,要提升体育小微企业的核心能力,就必须进行组织结构创新。

(六)组织结构创新有助于解决产品创新过程中的矛盾

体育小微企业想要发展,产品创新是重中之重。对体育小微企业而言,产品创新是企业战略的关键和核心,随着市场外部环境的变化,不断创造新产品是其在激烈市场竞争中的经营轴心。现有的产品生产活动与产品的创新之间具有相互制约性。在企业中,大多数职能部门的设置是为了现有产品的生产活动。财务部门的目标是使A业务所需的资金流能正常维持,制造部门关心的是能否按时完成生产任务,市场营销部门管理是为了增长产品销售额。然而,与现有的产品活动相反的是,产品创新关心的是企业长远的利益和未来的利润。因此,在现实与未来之间,在人力、财力、物力等企业资源的分配上,日常经营活动与产品创新过程之间就存在了突出的矛盾。而企业的组织结构创新是解决此矛盾的有效方法,包括新产品部、创业小组、产品经理制、新产品委员会等形式。

六、体育小微企业组织结构设计中的几点建议

组织结构设计,目前主要基于三个方面:一是以工作和任务为中心来设计组织结构模式;二是以成果为中心来设计组织结构模式;三是以关系为中心来设计组织结构模式。在进行组织结构设计时,应注意以下几个方面。

(一)稳定性和适应性相结合

一个企业的组织结构应保持相对的固定,随着内外部环境变化进行微调。组织应具有相对的稳定性,同时还需要具有一定的弹性。需要在组织中建立明确的指挥系统、责权关系和规章制度,同时组织还需要具有内在的自动调节机制。

(二)保证组织的有效管理幅度

企业应根据自己的经营范围和企业规模,充分考虑领导人的有效管理幅度,既不能出现机构臃肿、人浮于事的现象,也不能出现领导每天焦头烂额、疲于应付的局面。应该因需设岗,因岗选人,将合格的人员放到合适的岗位上,按照有效管理幅度的原则进行组织结构设计。

（三）重视组织结构设计评价环节

企业完成了组织结构设计后,应选取一定的时间,从管理流程、员工绩效、沟通效率、管理幅度等多个方面对企业组织结构进行评价,以检验组织结构模式的适应性,并及时发现问题,为今后的组织结构调整和变革做好信息收集。

第二节 体育小微企业的成员构成研究

一、体育小微企业管理团队成员构成的重要性

企业选人和用人是其生存与发展的首要因素,也是企业人事管理的基本内容,这在企业界和一般人的心目中都是不言而喻的。因为充裕的资金和先进的技术设备都是由人去管理和使用的。如果用非其人或用人不当,资金和设备就不会发挥应有的作用,产生应有的效益,还有可能造成负面的效应。

人的因素在中小企业中的作用比其在大企业中更为重要,因为中小企业的特征之一就是人与人间的密切联系,其事业的发展,也正是建立在人与人的密切配合基础之上的。因此,处于创业期的中小企业更需要一个团结一致、忠诚于所从事的事业、能抵抗外部各种干扰的团队。

二、体育小微企业成员构成的类型及其比较

（一）体育小微企业成员构成的类型

1.有核心主导的团队

这种团队一般是有一个人寻思了一个经营门路或有了一个市场机会,他就去开始组建所需要的团队。如太阳微系统公司创业之初就是维诺德·科尔斯勒确立了多用途开放工作站的概念,接着他找了乔伊(Joy)和贝克托尔·舍姆(Bechtol shem)两位分别在软件和硬件方面擅长的专家,以及一位具有实际制造经验和人际技巧的专家麦克尼里,于是,SUN的创业团队诞生了。

2.群体性的团队

团队的建立主要是由有经验、有友谊和有共同兴趣的伙伴结成,合伙在一起发现市场机会。有很多知名企业家创建了多家知名企业,他们开始多是由于相关关系而结识,彼此之间产生一些互动,激发出创业点子,然后合伙创业,这种例子比比皆是。

(二)核心主导和群体性团队的比较

1.从团队形成的先后来看

有核心主导的创业团队是先有创业点子再有创业团队的,而群体性的创业团队则恰好相反,先有核心主导的创业团队的结识才有创业点子的提出;群体性的创业团队比有核心主导的创业团队更强调人际关系在创业团队构成中所扮演的角色。[①]从我国的创业团队类型来看,由于我国特有的文化特征和数千年来形成的行为方式,群体性的创业团队数量远远超过了有核心主导的创业团队。北大纵横管理咨询公司曾经对所服务的70多家民营企业客户做过分析,发现80%以上的民营企业创业团队属于群体性的创业团队。

2.从团队的稳定性来看

群体性的创业团队不如有核心主导的创业团队。主要原因在于有核心主导的创业团队是由一个核心主导来组成所需要的团队的,他在挑选成员的时候就已经考虑到成员的性格、个性、能力、技术以及未来的价值分配模式,这保证了团队成员的能力适应公司规模扩张的要求,同时也保证了创业成员性格的融合,使得创业团队稳定。而群体性团队,先结成团队,而后谋事,不可能像核心主导创业团队那样思虑周全,因此团队不如前者稳定。

(三)小微企业成员构成的选配和组建

中小企业组建管理团队时,选择团队成员应考虑以下问题。

所选配的人才一定要具有一定的专业知识或基本素质,在技术性问题上应能充分胜任其工作。中小企业的创业队伍的规划即使再小,也应当有以下专长的成员,如:生产技术人员、财务管理和会计人员、公关外联人员、流通控制和销售人员等。

[①] 曹玉河. 科技型中小企业创业成功关键因素研究[D]. 苏州:苏州大学,2007:22-23.

选配人员一定要考虑到公司的创意特点,考虑到自己的整体策略。由于企业所处行业类型及运营特点的不同,对员工的能力和经验的要求也就不同,如一家软件开发公司和一家餐馆自然需要不同类型的合作者。另外,对公司发展前景和使命的认同也是选择团队成员的重要因素。

选用人员时应注意整体的协调一致,即"团队精神"。中小企业的风险大、不稳定,就更需要团结一致的团队,把团队个人的利益与企业的命运紧密地结合在一起。

对于队伍的组建,所选用的人才还需要具有创新精神,尤其在关键岗位上,能够在总体策略的指导下,开创出一套工作方法和工作程序。

事实上,中小企业管理团队的组建最重要的就是各类人才的互补性和平衡性。很多企业家都喜欢选择与自己个性及管理风格相同的人合作。但是任何一个团队要真正有效率,就必须具有各种类型的成员。

体育小微企业的成员构成应该包括以下内容。

协调者(coordinator):成熟稳重,条理性强,自信并信任他人;清楚团队成员的优劣势,能适当地协调安排工作,能够发现工作中的错漏或偏差,并及时采取纠正措施;目标意识强,能激发团队成员的热情;积极思考且能够做出决策;有信服力,能够领导团队;民主,可客观听取各种意见及建议;但创造力较为一般。

推进者(shaper):性格开朗,精力充沛,好交际,具有煽动性,喜欢推动别人去行动;能够抵抗压力并产生动力,推进团队行动;能将团队工作具体化,做出行动计划和方案并实施;有好胜心,对赢有强烈的渴望;但容易冲动,自负,容易造成矛盾和冲突。

创新者(innovator):知识渊博,智力超群,想象力丰富,富有创造性;能提出建议和新观点,为团队带来突破性思想和见解;但人际沟通欠佳,忽略细节和礼节。

信息者(resource investigator):性格外向,善于与各类人沟通交流;好奇心重,求知欲强,喜欢了解周围发生的事;喜欢探索新事物,善于发现新机会,具有创新精神;但新鲜感过后容易失去兴趣,不加鉴别。

监督评价者(monitor evaluator):冷静,谨慎,善于思维和分析;理智,公平客观,善于解释、评价并分析复杂问题和情况,善于分析方案的利弊;稳重、可靠,善于判断且很少失误;但缺乏热情,不善参与。

凝聚者(team worker)：温和,喜欢社交,具有灵活性;敏感,善解人意,能保证团队内部信息的积极沟通,减少阻滞,是团队的黏合剂;能活跃气氛,促进团队协作;但缺乏果断决策,易受他人影响。

实干家(implementer)：守纪律、有责任感;勤勤恳恳,能将各种想法和决策变成明确具体的任务并转变为实际具体的执行步骤;组织能力强,有较强的自我约束和自我控制能力;忠于团队,把工作放在第一位;但保守,缺乏灵活性,墨守成规。

完成者(completer-finisher)：勤恳,有条理,尽职尽责;坚持不懈,严格遵守程序行事,善于制订计划,保证所有工作按照计划完成,维护工作秩序;坚持高标准,注重细节;但缺乏耐心,不喜放权。

专家(specialist)：做事投入且专一;精通某项技术知识,能提出专业意见,解决技术问题;但知识领域具有局限性。

在选择团队成员的同时,体育小微企业也应尽快设计出自己的组织架构,进行工作职位的设置和划分,对每一个职位进行工作分析,规范其各自的权力、责任和任职条件。与此相配套的人力资源管理的其他内容,如薪酬制度、晋升路径、培训等方面,也应尽快地建立健全,以保证体育小微企业的管理规范化,从而为企业的顺利发展打下基础。

第三节 影响体育小微企业发展的序参量分析

一、序参量相关原理及理论概述

协同学理论的起源要追溯到20世纪60年代,斯图加特大学理论物理学教授赫尔曼·哈肯在对激光理论的研究中发现,激光是一种由普通光远离平衡态产生的现象,这种现象是由无序状态向有序状态转换而带来的变化,称之为相变。1973年哈肯提出了协同的概念,[1]从而打开了建立运用宽广的相变理论的大门。哈肯通过对系统动力学、分叉理论、突变理论、稳定性理论等众多理论的研究分析,集百家之长,建立了相变遵守的方程类型,解决系统演变的必然性,运用序参量表示系统演变时发生的宏观有

---

[1] 哈肯. 协同学. [M]. 上海：上海译文出版社,1980:114-115.

序因素,从而构建了协同学的理论框架。协同学是为了描述系统从无序到有序转变过程中共同规律,以信息论、控制论、突变论为基础,运用动力学与统计学相结合的研究方法,通过分析类比,建立数学模型,制定解决方案的一门新兴学科。协同学理论中的重要理论有如下几个。

(一)自组织原理

作为协同学理论中的核心理论,自组织原理形成于对耗散结构论和协同学的研究基础之上。自组织理论重点研究的是系统在一定的约束下是怎样从无序状态转换为有序状态,或者是怎样从有序转换为另一种有序的状态。哈肯认为自组织是指一个系统从无序状态向有序状态转变的过程中,没有外部因素的影响,如外部环境提供的能量和物质交换促进系统转变。自组织不同于他组织,他组织强调的是系统的状态转变的因素来自系统的外部,但是自组织不受外部指令和能量物质影响,约束自组织状态的转变的因素主要来自组织系统内部中各子系统之间的相互关系,具有一定的自主性和内在性。自组织原理阐述了系统在没有和外部进行信息、能量和物质交换的条件约束下,系统也会通过系统内部的多个子系统的相互关系、协同作用转换成新的有序系统结构。耗散结构理论的创始人普里戈津都也提出了协同学的思想。尽管他与哈肯的研究领域不一样,但通过他们的研究得出了相同的结论。这就证明了自组织理论的普适性。协同学理论中,学者们研究了系统从无序状态转换到有序状态的形式、转变过程以及现象,把这种现象称为涨落,转变的过程为相变,这种自发性的转换形式称为自组织。

(二)协同效应原理

协同学可表示为不同要素之间的一致性,反映了系统整体运行中不同要素之间的协调与合作的性质,不同要素之间的协调与合作产生牵引作用,促进事物的共同进步。在多个有关联的事物中,协同作用不但可以促进事物个体正向发展,还可以提高多个事物整体的利益,同时协同运作可以强化事物之间的属性关系,引领事物向利好方向发展。系统中的子系统和各要素彼此之间的相互作用、相互促进,形成了系统的有序性和内部结构的支撑作用。协同作用是指复杂开放系统中大量子系统相互作用所产生的整体效应或集体效应。系统转换成有序结构的内部驱动力就是协同作用。对于任何系统而言,如果在外界物质和能量的作用下,物质的聚集状态处于某种临界状态时,系统内部的子系统之间将会形成协同作用。这种协同效应能让系统在临界状态发生质的变化,形成协同效应,从而使系统从无序状态向有序状态转变,并在混沌状态产生某种稳定的结构。协同效应说明了系统自组织现象的观点。

(三)序参量支配原理

"序"表示的是一种有规则的状态,我们可以把它看成是"排列",因此它是一个整体性概念,任何一个独立的要素或事物都是无序的。应用到现代科学中,"序"能够反映出空间结构的规则性和演化的规律性。而有序是指构成系统或客观事物的要素之间存在一种规则性,这种规则使要素之间相互联系和相互转化,它既可以描述某个系统的状态,也可以反映出系统演化的进程。协同学创始人哈肯认为:"我们将遇到一种为所有自组织现象共有的对自然规律得非常惊人的一致性,我们将认识到,系统内部的子系统好像由一只无形之手促成的那样自行安排起来,但相反正是这些单个组元通过它们的协作才转而创造出这只无形之手。我们称这只使一切事物有条不紊地组织起来的无形之手为序参数"[①]。哈肯说的序参数其实就是指序参量,他将物理学的序参量运用到处理自组织问题中,并作出判据。哈肯认为,如果某个参量在系统演化过程中从无到有地变化,并且能够指示出新结构的形成,反映新结构的有序程度,它就是序参量。序参量是协同学中最基础、最主要的概念之一[②]。

支配原理也被称为役使原理,协同学认为左右系统变化的主要变量有两种:快弛豫参量和慢弛豫参量。快弛豫参量在系统转变的过程中的很多涨落不会受到系统中大多数子系统的作用,继而表现出阻尼大、快速衰减的状态,所以又称为快速变量,快变量是系统从无序状态向有序状态转变过程中的非关键因素;如果涨落受到很多子系统的快速响应,并由子系统展开影响到整个系统的变化,这种涨落的内容称之为慢弛豫参量,又称慢变量,当系统受外界能力和物质影响时,慢弛豫参量呈现出无阻尼并且影

[①] 哈肯.协同学——自然成功的奥秘.戴鸣钟译.[M].上海:上海科学普及出版社,1988:113-114.
[②] 陈盼.基于序参量的高耗能产业群循环经济协同发展评价研究[D].昆明:昆明理工大学,2013:21-22.

响系统的演化过程,这便是影响系统最终结构和功能的序参量,序参量是系统从无序状态转变为有序状态过程中的关键因素。在系统自组织演变过程中,慢变量占主导地位,快变量会呈现出向慢变量属性变化的趋势或被同化,即快变量服从慢变量,慢变量支配子系统的行为。

序参量是属于系统的内部的状态变量,当系统处在质变的临界状态时,是由于系统内部的各子系统之间的相互作用形成的,可理解为序参量是子系统运动的表征和结果。序参量不但会对其系统的宏观演变起到决定性作用,支配系统的运动,还能够利用序参量来了解系统内深层次子系统的行为方式和运动状态。每个序参量的形成表明了系统内部已经有某运动占据优势,但是因为序参量的作用不能互相取缔,所以多个序参量通过竞争和协同的方式,将子系统的运动演变成为可主导整个系统的演化动力。此时,系统的发展由各个序参量之间的竞合关系所支配。

支配原理的核心思想认为虽然系统内部有很多影响系统的子系统、状态参量,但是这种影响作用的方式、大小都是有差异的。支配原理对于研究系统问题的贡献在于,在系统从无序状态向有一定功能性质结构的有序状态演变的过程中,会出现慢变量即序参量役使快变量,进而支配整个系统的演变活动,这种情景成为人们通过控制少数参量进而控制整个系统演化过程的重要工具。在研究中,人们不需要关注所有的状态参量,只需分析寿命长、作用强的变量,忽略寿命短、作用弱的变量,就可以逐步识别出序参量。一旦确定了系统的序参量,在序参量的支配作用下讨论系统的演化,只需重点研究系统的序参量。同时序参量能够影响和决定系统自组织的程度和方向。

随着对序参量理论研究的进步,人们发现系统中的序参量是客观存在的,并不是从无到有,也不是一成不变的,只有在系统的特定的情境中,序参量才会发挥作用引起重视,此外,哈肯还认为系统外部环境的变化可能会引起新的序参量产生。所以,对序参量的阐述是,序参量是系统中主导着系统的演变和发展,对系统的演化具有重要的影响作用,且作用时间较长的一些系统状态参量。一个系统中具有很多的状态参量,也会有很多状态参量可以反映出系统的演变并对其产生一定影响,在面对复杂系统时,通过找出所有影响系统的状态参量并加以控制的做法较为烦琐,且不太现实。系统中的慢变量支配系统行为,所以,理解序参量的核心原理,通过识别出少量的序参量,筛选掉大量的作用不大的状态参数来分析系统,可以简化系统的复杂性。此外,序参量是系统的主导参量,通过控制几个序参量,就可以对系统进行有效的控制。

二、基于序参量原理的体育小微企业战略变革发展分析

依据协同学思想,组织在演化发展的过程中,一直有一个无形的"导演"在主导着它,使它从无序向有序演变。对于企业战略变革发展过程来说,也同样适用于序参量原理,即企业战略变革过程中的主导因素符合序参量的属性。

(一)体育小微企业战略变革发展过程的自组织与协同特征

1.组织系统的开放性

组织系统是开放的系统,任何一个组织系统都不可能孤立存在。一个不断变化运动的组织系统要存在和发展,就必须和所处的大环境系统之间进行一定的物质、能量和信息的双向交换,优化各构成要素以减少系统内部的不稳定性,促进其自身的发展和进化。组织系统输入和输出的需要反映了它对外部环境的依赖性以及组织系统与环境之间相互影响、相互作用、相互依赖的关系。一方面,组织系统需要从环境获得投入,经转换后再向外部环境输出。另一方面,组织系统的输出同样对环境有改善或塑造作用。因此,组织系统是具有开放性的。

2.组织战略变革发展是一种渐进式变革发展

通常来说,我们都会认为战略变革对于体育小微企业来说是不经常发生的规模很大的一次性变革。但通过研究一些大型企业的成功发展史会发现,企业要想取得战略的优势地位,就要不断地进行变革,因为战略的变化通常会伴随着其他变革的变化。因此,在体育小微企业的发展过程中,影响作用小的战略变革出现的频率很低,对企业影响作用较大的战略性变革出现的频率会很大,而根据这种对企业影响作用的程度可以分为渐进式的变革和革命性的变革。渐进式的变革是在一系列连续稳定的变化下保证企业正常运营的变革过程,它通常在变革的某段时间内对体育小微企业内部某一部分产生较大的影响。

3.企业组织战略变革发展存在超循环特性

组织战略变革的产生除了极少数原始的序参量之外,大量的序参量实

际上都是原有要素的重新组合。在超循环论中,在原有要素重新组合中会产生新的"拟种"虚拟要素。经过强化联系之后,通过新的联系变成一种新的序参量,从而实现了超循环过程。体育小微企业组织战略变革的发展模式符合任何事物发展的必然模式,即无序—有序—高级有序。如果没有超循环,就不会有企业的进步,没有对原有要素的重新组合,就不会有新的企业战略。

4.组织战略变革发展中主导因子决定战略变革发展走向

在体育小微企业组织战略变革过程中,要根据环境的变化适时地调整组织内部的各个子系统,在这些子系统之间往往存在着一种相互协同的作用关系,即它们之间存在着协同变化特征,进而可以表明,体育小微企业战略变革过程就是子系统在协同作用的影响下展开的,序参量就是在这种协同作用的机制下产生的。序参量作为体育小微企业战略变革发展的主导因子,不仅主导着子系统之间的协同关系,而且支配着体育小微企业组织的演化发展。因此,序参量决定体育小微企业组织发展的走向,是其演化过程中的主导因子。

(二)体育小微企业战略变革过程的协同关系特征

对于体育小微企业战略变革过程来说,序参量并不是这一系统中某个占据支配地位的子系统,而是体育小微企业战略变革系统内部各子系统之间通过竞合作用形成的描述系统有序程度的参量。当系统处于一种临界区域时,各子系统之间通过协同作用决定了系统的走向,即系统是从无序到有序还是从有序到高级有序。系统从无序到高级有序变化的机理,不是系统本身所处的状态或系统距离平衡状态的大小,而是各子系统之间的相互联系的协同作用。而序参量就是这种反应系统协同程度的参量,它支配着企业战略变革系统演化过程中的特征和规律。将体育小微企业战略变革发展视为一个系统,它主要由三个子系统构成:企业子系统、战略子系统和环境子系统。体育小微企业战略变革中的序参量就是这三大子系统在相互协同的作用下产生的,标志着它们三者之间的协同程度。当体育小微企业战略变革系统处于一种临界区域时,三大子系统就会形成协同关系,随之就产生了标志着它们之间协同程度的序参量。而序参量的形成,又会直接影响到体育小微企业战略变革中的财务、组织结构、资源、技术等状态,而这些因素的改善又反作用于子系统,使子系统之间的协同程度提高,促进子系统和系统的共同演化。体育小微企业战略变革发展过程中序参量的形成是以这三大子系统之间的相互协同作用为前提的,它与三大子系统之间的协同过程也就是体育小微企业战略变革系统通过自组织运动的过程。

三、体育小微企业战略变革发展过程的序参量作用机理分析

(一)影响体育小微企业战略变革发展过程的主要因素

在每一个阶段,都存在相应的因素影响体育小微企业战略变革的进程。这些影响因素包括需求因素、促进或阻碍因素、效果因素,这三种类型的影响因素分别影响体育小微企业战略变革过程的各个阶段,企业只要确定每个阶段的影响因素就能把握企业战略变革的原因,抓住企业实施战略变革的本质,分析体育小微企业战略变革的实施效果。

1.初始阶段的主要影响因素

(1)外部环境因素

体育小微企业的生存与发展离不开外部环境,外部环境的变化对组织内部各部分结构都能有一定程度的影响,因此,对体育小微企业战略变革过程也不例外。例如体育小微企业结构的调整,科学发展所要求的企业技术的改革与升级,国际国内市场之间的竞争等,都会影响体育小微企业战略的选择。企业所面对的外部环境涉及很多因素,企业应该针对自身特点,对企业外部环境进行详细分析。

(2)企业生命周期

每个企业的发展都是一个周期性演变的过程,这一发展过程通常是在业务领域的扩大、企业规模的扩张下影响到企业现有的组织结构和管理体系,并使其工作内容发生变化。如果原有的工作秩序没有得到有效的扩展,就有可能导致体育小微企业出现管理危机。企业可以通过改变组织形式和管理体系来适应新的工作内容的要求以便解决管理危机,而且能促使企业向下一个生命周期阶段转变。此外,体育小微企业技术需求和社会变革导致的企业在经济、技术、市场等生命周期的演变,也会影响到企业生命周期的转变。

2.实施阶段的主要影响因素

(1)企业内部的主要影响因素

对于体育小微企业来说,优秀的管理者是战略变革的决定因素。首先,一个成功管理者不仅要有很高的个人素质,还应有很强的战略思维,因为他能快速地发现企业环境的变化,并针对变化的环境相应调节企业战略,使企业战略与环境保持动态协调性。其次,一个成功的管理者熟悉并掌握企业内部的所有资源,能够对企业的内部资源进行有效整合,充分利用各种资源为体育小微企业创造价值,实现企业的利益最大化。由此可见,成功的企业战略变革离不开优秀管理者的带领。

许多典型的企业案例表明,大型企业成功的关键就在于拥有其他企业不可复制的独特的企业文化,而且将企业文化与企业的战略决策相结合,既保证了企业在战略竞争中的优势地位,又促进了企业的可持续发展。由此可见,保证企业文化与战略的一致性能够有效促进体育小微企业的成长,相反,如果企业文化与战略不一致,往往会阻碍企业的发展。

组织结构是管理者有效管理企业的保证,促进了企业管理过程的顺利实施。管理者只有详细了解了组织结构的构成以及相应的权力控制状况,才能对组织进行比较与评价,它是组织设计的基础。对体育小微企业而言,影响组织结构的因素通常能反映出组织结构设计的基本情况。

企业是以盈利为目的的组织,因此,财务因素无疑是影响企业战略变革的主要因素之一。

体育小微企业经营离不开企业资源,企业资源是企业经营管理活动的基础,也是衡量一个企业实力的重要标志,是企业战略变革中重要的组成部分。

(2)战略发展自身的影响因素

战略变革过程其实就是企业发现现有战略的不足,发展新的战略,从而使企业保持稳定的发展状态的过程。因此,体育小微企业首先要研究新战略属性,包括战略的方向性、目标性、整体性和成败性。

企业战略涉及多方面的利益,具有高度不确定性。一般而言,战略的风险系数越高越不应该选择。因此,能够准确预测战略风险是体育小微企业战略变革成败的主要因素之一。

(3)战略环境的影响因素

企业的各种经营活动都是围绕技术展开的,企业所拥有的技术对企业的战略目标有直接影响,分析体育小微企业所采用的新技术和现有技术对企业战略的选择有重大意义。

企业是否进入某一市场的决策影响企业的战略选择,在决策之前,首先要衡量细分市场的规模以及进入市场后对企业的利弊。

另外,体育小微企业所处的生产环境和自然环境也直接影响企业战略的选择。应该充分考虑生产环境政策、行业环境标准,分析环境的不确定性和企业的地理位置等,保证体育小微企业战略的顺利实施。

3.反馈阶段的主要影响因素

(1)战略变革效果

体育小微企业战略变革的实施不一定就能使得企业的绩效有所改善。体育小微企业在进行战略变革实施后,还需要对企业的投资回报率、销售额和盈利能力等相关数据进行分析。通过这些数据的分析才能了解企业战略变革过程中的资源分配效果,也就能确定企业所采取的新战略是否达到预期效果。这种对战略变革效果的反馈能够促使体育小微企业战略的进一步完善,有助于体育小微企业新战略的实施。

(2)资源再分配

在企业战略变革过程中的反馈阶段,资源分配是必不可少的影响因素。体育小微企业在实施战略变革后会导致组织结构的重置,企业应该针对不同战略设置相应的组织结构。

另外,体育小微企业的战略变革也会影响到企业内部人力资源的变化,企业需要针对不同战略进行调整。物质资源或财务资源是企业内部资源的基础,企业要实施一个新战略,对人、财、物的需求必不可少,所以也要对这一部分内容作出相应的调整。

(二)基于序参量原理的体育小微企业战略变革发展过程模式

综合上述分析可知,体育小微企业战略变革各阶段要素贯穿整个战略变革过程,按照序参量的原理及特征,对于这一过程,也一定存在着相应的序参量。应用序参量原理分析体育小微企业战略变革过程的变化机理,构成了体育小微企业组织战略变革过程深层次变化机理的分析框架。

在体育小微企业组织战略变革过程中,由相应的序参量来决定这个过程的演化。而在这个阶段中,序参量是如何形成的,识别序参量的指标体系与方法,以及针对序参量的特征采用什么样的调控策略促进战略变革过程的有效演化等,这些问题都是需要探讨的主要内容,也是研究的重点问题。

体育小微企业战略变革层层递进的动态过程分为初始阶段、实施阶段和反馈阶段三个层级,初始阶段分析了进行战略变革的原因,实施阶段制订战略计划并实施,反馈阶段分析实施变革的效果。从系统学的角度分析,体育小微企业在实施战略变革期间应时刻保持系统与战略环境的动态匹配性,系统与外部环境的协同演化促进了战略变革的演化。在系统内部,包含着企业子系统、战略子系统和环境子系统。体育小微企业战略变革中的序参量就是这三大子系统在相互协同的作用下产生的,标志着它们三者之间的协同程度。当体育小微企业战略变革系统处于一种临界区域时,三大子系统就会形成协同关系,随之就产生了标志着它们之间协同程度的序参量。体育小微企业只有从整体上把握战略变革过程的每个阶段,才能保证体育小微企业战略变革的有效实施,促进企业的演化进程。

1.体育小微企业战略变革发展的初始阶段

这个阶段是体育小微企业战略变革过程的最初阶段,是整个战略变革过程的开始。企业在初始阶段根据分析外部环境的变化和企业生命周期来制定相应的调整战略,因为企业是处在一个不断变化的环境中的,如何根据环境制定符合体育小微企业自身发展的正确的战略是这一阶段的关键。

2.体育小微企业战略变革发展的实施阶段

体育小微企业战略变革经过初始阶段后,进入实施阶段。企业在这个阶段开始对战略作出调整,因为环境变化具有动态复杂性,企业能否在这个动荡的环境中实施战略变革是企业进行战略变革的关键。在这一阶段体育小微企业可以通过分析企业内部各个子系统的协同作用关系,识别出企业战略变革中的序参量,序参量主导着整个战略变革过程的演变,有助于体育小微企业战略变革的有效实施。当然体育小微企业战略变革的成功与否还要通过下一个阶段才能确定。

在体育小微企业战略变革的实施阶段,企业系统内部系统包括企业、战略和环境三大子系统。企业在实施战略变革期间,应根据外部环境的变化随时调整三大子系统之间的作用,即保持子系统的协同作用与环境动态的一致性,从而实现整个系统的协同演化。三大子系统的相互协同产生了企业战略变革过程的序参量,序参量支配并引导着各个子系统的运动,使它们保持一定的协同程度,共同朝着战略变革的目标演化发展,有效促进了系统演化的良性机制,使体育小微企业战略变革向着无序—有序—高级有序逐层转变。

3.体育小微企业战略变革发展的反馈阶段

成功的企业战略变革在反馈阶段会达到两种效果:首先,对于整个体育小微企业组织来说,战略变革能够实现组织的协调发展,增大了企业的经营利润,增强了组织对外部环境的适应性,保证了体育小微企业在竞争中的优势地位;其次,对于企业组织的员工来说,有效的战略变革能够激发员工的工作热情,实现员工的均衡发展,降低组织员工的流动性,培育组织员工的学习机制。这两种效果是体育小微企业战略变革立志于达到的最终成果。在反馈阶段,企业可以通过对财务状况、资源利用情况等硬性指标和组织结构、组织文化等软性指标作出评价,根据评价结果采取不同的战略调整方案,实施新的战略,也就标志着开始了新一轮的战略变革。

体育小微企业战略变革是一个周而复始、永不停息的过程,从初始阶段变革原因的分析到实施阶段战略的调整,再到反馈阶段变革效果的验证,构成了完整的体育小微企业战略变革过程。

四、体育小微企业战略变革发展中序参量的识别体系

(一)体育小微企业战略变革发展中序参量识别指标体系构建

识别体育小微企业战略变革中序参量的关键就是要建立一个合理、健全的指标体系,而指标体系建立的关键就在于指标层的确定以及各项具体指标的选取。基于此,要解决的首要问题就是确定体育小微企业战略变革序参量识别指标体系的选取原则。

1.目的性原则

选取序参量的识别指标要基于序参量的识别目的,即各项指标都能反映出其识别目标的特性。

2.科学性原则

出于体育小微企业战略变革特征的考虑,建立的序参量识别指标体系要充分考虑企业在市场、技术、环境等方面的特征,将指标体系进行层次分类。

3.全面性原则

序参量识别指标的选取应能够全面地展现体育小微企业战略变革中涉及的各个变革要素,从而体现其多方面的特征要求。

4.系统性原则

体育小微企业战略变革过程的影响因素由企业所处的内外部环境以及企业内部的变革要素构成,通过系统的分析方法建立指标体系,并且对各个具体指标进行详细分析。

5.可行性原则

在序参量识别体系中,每一个识别指标的选取都应该是来源可靠的。

6.协调性原则

识别指标的选取应与识别方法相协调,即所选择的各个指标都符合识别方法的要求。

7.结合性原则

即序参量的识别指标体系是在定量分析与定性分析有机结合的作用下建立的。

8.可操作性原则

这一原则应用是构建序参量识别指标体系的最终目标,即指标体系的构建能够符合所选择企业的实际需求,具体指标都有较强的可操作性。

(二)序参量识别指标体系框架

基于体育小微企业战略变革序参量指标体系的建立必须遵循上述构建原则,根据笔者分析的体育小微企业战略变革过程模式框架,最终将序参量的识别指标体系分成四个层级:目标层、类别层、类体系层、具体指标层。

目标层确定的是指标体系的最终目标,构建指标体系的目标就是体育小微企业战略变革序参量识别。类别层是围绕总指标层设置的,能够全面而准确地反映总目标。将类别层设置为企业能力指标、战略指标和环境指标三方面。类体系层是对类别层中各指标的细化,是该指标体系最重要的部分,通过对相关文献资料的查阅和研究,将指标体系的类体系层分为财务指标、管理者指标、组织结构指标、组织文化指标、资源指标、属性指标、风险指标、技术指标、市场指标和环境指标。其中,财务指标、管理者指标、组织文化指标、组织结构指标、资源指标属于企业指标范畴;风险指标和属性指标属于战略指标范畴;技术指标、市场指标和环境指标属于环境指标范畴。具体指标层是由类体系层的细分指标构成的,也是具体的指标设置。

(三)序参量识别指标体系构成分析

1.财务指标

企业的发展基本都是以盈利为目标的,因此,财务指标成为体育小微企业进行战略变革时管理者必然要考虑的指标之一。企业在经营过程中,通常都会考虑盈利的时间的长短、投入成本的大小等。如果战略所需投入的成本过高,以至于体育小微企业根本不能承担,那么无论它在其他方面有多大的优势,都不会被企业所接受。

在参照相关研究的基础上,将财务指标划分为以下四个具体指标:偿债能力指标、运营能力指标、盈利能力指标和发展能力指标。

偿债能力包括短期偿债能力和长期偿债能力。其中短期偿债能力是企业偿还短期负债的能力,对这一指标的分析常常采用比率分析法。与短期偿债能力比,长期偿债能力更加准确地反映出企业的财务状况,是分析企业财务安全程度的重要指标。

企业的运营能力是指企业管理者对企业资产运用的能力,对运营能力指标分析就是对企业资产利用的效率进行分析。

盈利能力指标体现了企业资金增值的能力,具体表现在企业的收益状况上。对企业盈利能力的分析可以选择两种方式:一种是一般分析,一种是社会贡献能力分析。一般分析可以通过对资产利润率、销售利润率和成本利润率等财务的基本要素进行分析。社会贡献能力分析主要包括社会积累率和社会贡献率这两个评价指标。

发展能力指标是企业为了在竞争中取得优势地位,通过扩充规模的方式来提高企业的整体实力,发挥企业的潜在能力。在分析发展能力指标时,通常要考虑到企业的资本积累、销售的增长值、利润增长率情况以及资产的总体状况等。

2. 管理者指标

管理者在体育小微企业战略变革过程中起到决定性的作用。一个优秀的管理者应时刻把握战略变革的走向,确保战略与环境的动态适应性,充分利用职能权利消除战略变革中的不利因素,保证企业战略变革的效率和效果。

针对体育小微企业战略变革的本质,将管理者指标划分为以下四个具体指标:第一,战略思维能力。所谓战略思维就是要求管理者在面对战略决策时,能够通过不同的思维方式、不同的角度分析问题,从而找出决策的最优方案。第二,预测能力。管理者是企业战略计划的制订者,也是战略实施的管理和监督者,优秀的管理者应具备很强的预测能力,采用科学的方法对战略过程进行有效的规划。第三,创新能力。优秀的管理者能够敏锐地洞悉企业战略中的缺陷,针对存在的问题积极探索新方案,敢于采用大胆新颖的战略计划,通过精确的可行性分析将新方案付诸实施。第四,战略规划能力。管理者实施企业战略管理的关键任务就是制定战略规划。每一个管理者都应该明确自己的职责,把握企业的整体大局,针对企业的自身特点制定符合企业发展规律的战略目标和方向。管理者只有具备了全局意识和强烈的使命感才能制定出科学合理的战略规划。

3. 组织结构指标

组织结构指标分为资源利用能力、沟通能力、适应性、组织活力、匹配性这五个方面具体指标。资源利用能力包括人力资源利用能力、固定资源利用能力和技术资源利用能力,应该有效地、灵活地使用这些资源,保证资源共享。管理组织结构对沟通能力的要求较高。组织结构的适应性表现在组织结构的柔性、部门专业化及协调能力、对外联系能力和对环境的预测和计划能力等方面。组织活力指标表现在组织的创新能力、合作精神、激励措施以及与外部的交流等几个方面。匹配性指标体现在组织结构是否与企业战略匹配,是否与企业发展阶段匹配、是否与企业规模匹配、是否与企业环境相匹配等方面。

这五个方面的具体指标体现了体育小微企业组织结构的基本属性,这些指标是组织设计的基础和依据,企业只有建立合理的组织结构才有利于企业各层级职位的流动。体育小微企业在进行组织结构设计时,首先要在众多影响因素中识别出对该企业有重要影响的因素,通过这些因素制定合适的组织结构,才能达到组织结构设计的预期效果。

4.组织文化指标

组织文化就是组织在长期的发展过程中积累而成的一套价值理念以及成员在实践过程中自觉的行为方式。积极向上的组织文化可以增强成员的凝聚力与战斗力,激发成员的创新精神。而且组织一旦形成它独特的文化,那么这种组织文化在一定时期内就具有相对的稳定性,对处于其中的成员产生一种无形的影响,支配着他们的行为。因此,组织文化具备序参量的功能与作用。然而,文化协同的对象就是组织文化,应使之与战略相匹配或适应。将组织文化指标划分为精神文化、制度文化、物质文化、行为文化这四个具体指标。

精神文化,是指企业在生产经营过程中,受一定的社会文化背景、意识形态影响而长期形成的一种精神成果和文化观念。制度文化是指文化的制度层,主要包括领导制度、组织机构和管理制度三个方面。物质文化又叫企业文化的物质层,是由企业成员创造的产品和各种物质设施等构成,是以物质形态为主要研究对象的企业文化。行为文化是决定企业文化构建水平的前提和基础,表现为领导者的行为、模范人物的行为以及员工的行为等。

5.资源指标

在相关研究的基础上,将体育小微企业战略变革中涉及的资源指标划分为5项具体指标:物质资产、金融资产、无形资产、组织技能和人力资本。

物质资产,即企业所具备的物质条件,而物质条件是企业能够从事生产经营活动的保障。物质资产决定了企业资源的重组成本,进而又影响着企业战略变革的成本。因为,物质资产的流入和流出都会使体育小微企业战略变革的成本增加,导致管理者不会选择规模较大的战略变革。

金融资产是指企业为了获取其发展的竞争优势,通过出售或购买相关金融工具而获得的金融收益索取权。金融资产是企业资源的重要组成部分,能够为企业战略变革的发展过程提供很大的弹性,能够合理平衡战略风险。

无形资产是非实物形态的资产,是企业所具有的非货币性资产。通常而言,无形资产分为两种形式:广义无形资产和狭义无形资产。广义的无形资产是企业所拥有的某种技术或权利,可以是企业拥有的金融资产、各种股权投资以及专利权等,狭义的无形资产就是指商标权、专利权等。

组织技能是企业对资源进行开发、整合和升级,从而保证企业在战略竞争中的优势地位。根据张永钢对组织技能的系统研究,他总结了有关组织技能结构的三种分类:①从企业价值活动来分解组织技能,即组织技能包括生产技术、技术创新、产品和工艺改进;②从技术载体来分解组织技能,即组织技能包括设备技术、人员技术、组织和价值观;③从获取和提高技术的组织活动来分解组织技能,即组织技能包括技术吸收、技术监测、技术转移与激活、技术知识创造[①]。

人力资本是企业员工所具有的能代表其经济价值的所有因素的总和。因为涉及人的因素,所以人力资本所带有的主观能动性比较强,也就导致了指标评价的不确定性,而国际上通用的测量人力资本的方法是终生收入核算法。

6.属性指标

根据战略变革对所选战略的要求,将属性指标分为四个具体指标:战略有明确方向性、战略有目标性、战略有整体性、战略有成败性。

战略有明确方向性:即企业战略有明确的范畴定位、思维导向或行为指向。这是体育小微企业战略应具备的明确属性,体育小微企业战略变革中的各项决策都应该有明确的方向。

战略有目标性:战略目标有长期或短期预计期望值,企业战略目标是在具备明确方向性下确定的预计期望值。

战略有整体性:即考虑战略所涉及的各个方面,可以将战略分解为若干执行策略。体育小微企业所选择的战略是在企业的整体利益下确定的企业总目标,规定的企业总行动。也就是说,研究体育小微企业战略变革的重点并不是针对战略中某些具有局部特性的问题进行研究,而是对企业战略的整体发展进行研究。在对体育小微企业战略变革过程分析中以企业战略为目标,关注全局、关注整体。

战略有成败性:即所选战略具有决定体育小微企业战略变革过程成败

---

① 张永钢.动态环境下组织资源对战略转移影响的实证研究[D].西安:西安理工大学,2006:11-12.

的地位和作用。所选战略的正确与否,与管理者决策的质量和效果密切相关。正确的战略选择能够提升战略变革的效率。

7. 风险指标

对于体育小微企业来说,因为战略具有高度的不确定性,所以能否准确预测所选战略的风险是企业成功实施战略变革的关键。由于体育小微企业战略涉及多方面要素,每个要素都有可能产生一定的风险,而通常来说,战略的风险系数越高,越不应该选择,当然也要考虑其他要素再作出最终决定。将风险指标具体划分为财务风险、结构风险、技术风险、商业化风险、规模风险。

8. 技术指标

技术指标是指在保证体育小微企业战略顺利进行情况下应该考虑的对企业所具有的各项技术的具体要求,包括企业战略变革中需要的新技术以及现有技术的各项要求。其具体指标包括:技术模块对战略变革的支持、技术人员的可获得性、技术的可获得性、技术对组织研发能力的要求、战略对技术的依赖性、战略所需的技术竞争力、新技术成功开发的可能性。

9. 市场指标

市场指标能够体现企业在战略环境下所选择的某一细分市场的具体情况。在分析相关研究的基础上,采用以下具体指标来体现市场指标:市场效益、市场规模、市场潜在增长率、预计市场份额、进入市场所需的时间、进入市场的途径、消费者的未来偏好、市场的竞争激烈程度、市场的潜力。

10. 环境指标

环境指标体现了企业所处环境的各项基本情况和基本要求。在分析相关研究的基础上,采用5个具体指标来表现体育小微企业在战略变革过程中对环境指标的要求,这5项指标分别是:行业的环境标准、环境的不确定性、环境的不友好性、企业的地理位置和环境的可持续性要求。

第四节 影响体育小微企业发展的因素分析及促进其发展的建议

一、影响体育小微企业发展的因素分析

(一)国际经济环境的冲击

近些年国际经济环境瞬息万变,使全球经济都充满着危机。与国有企业和跨国公司不同,体育小微企业没有强大的后盾,也没有足够的经济实力,只能依靠自己的能力渡过难关。近10年,国际市场持续低迷使得企业订单严重不足,一些发达国家为了自我保护采取各种禁令,国际贸易摩擦逐渐加重,给我国以出口为主要业务的一些体育小微企业带来灭顶之灾。在国际竞争中,小微企业过去长期依赖的低能源、低劳动力和低环境成本带来竞争优势的格局有了根本转变,由此导致市场销售受阻,利润空间降低,陷入困境[①]。

(二)融资困难

资金对体育小微企业的发展至关重要。在生产经营过程中,如果出现资金链断裂势必会严重影响企业下一阶段的发展。通常体育小微企业会从每年的利润中抽取一部分作为留存收益,满足企业未来对资金的需求,但是对小微企业来说,留存收益只能解决一些小问题,当企业面临国际环境影响时,融资问题则成了主要的难题。我国体育小微企业常用的融资渠道主要有银行贷款、债券融资、股权融资和民间借贷等。不管是哪个融资渠道,都很难解决企业的问题。

融资渠道窄、融资难。大型商业银行缺乏针对小微企业发展的金融产品及衍生品,融资渠道较窄,通过资本市场直接融资额度较小。体育小微企业在资金短缺时有时不得不引入民间高利息资金,政府对民间资本管理的不规范增加了小微企业的融资成本,制约了小微企业的发展。国有商业银行对小微企业存在政策歧视,规定为国有企业设立坏账核销制度而且数额较大,而对小微企业没有相应的制度,使商业银行对小微企业放贷持谨慎态度,从制度上导致小微企业融资难。

---

① 王珮琪. 我国中小企业发展的影响因素分析[J]. 山西农经,2019(16):122+124.

专业为小微企业提供信用担保的机构较少。现有的信用担保体系中缺少专门为小微企业提供信用担保的服务机构,相应的担保机制不完善,专业化程度低,担保程序不合理,效率不高。由于体育小微企业可担保的资产较少,提供担保服务的机构规模较小,商业大型银行在小微企业贷款融资时,一般要让政府性服务机构提供担保,承担不合理的连带责任。

体育小微企业内部问题。企业自身的特点就决定了其必然融资难,小微企业规模小、风险高、管理不规范,由于信息的不对称,商业银行受国家金融制度的制约,为了控制风险,银行更倾向于向大型企业提供融资服务。小微企业内部组织形式不规范达不到现代企业管理制度的基本要求,家族式、合伙制企业居多;内部财务管理混乱,财务信息失信、透明度低、程序不规范等原因致使金融机构无法对体育小微企业进行正确的评价。

(三)缺乏有效的管理机制

体育小微企业的管理机制比较混乱。不少管理人员不具备管理知识和管理能力,文化水平较低。

种种原因导致体育小微企业的经营管理模式比较落后,不少小微企业对先进的管理体制不闻不问,依然选择家族化的管理模式,使得企业的管理严重分化,出现经营风险。另外,体育小微企业领导者的领导能力、管理能力和自身素质也影响了经营决策的执行。不少民营企业家主张经验主义,拒绝接受先进的管理理论和方法,从基础管理到运营管理缺少制度化与规范化,增加了企业运行风险。缺少长远发展战略,从经营领域的选择到生产产品的质量控制以及市场营销渠道的选择等都存在短视行为。一些企业只顾眼前利益,轻视人力资源管理和技术研发等长远发展要素,忽略社会经济发展规律,在社会经济日新月异的发展大潮中难以持续经营。

(四)人才管理机制不完善

人才是体育小微企业长远发展的核心竞争力,只有有效的人才管理机制才能留住人才和招聘人才。对体育小微企业来讲,其发展的不稳定性直接导致人才的缺乏,招不到也留不住需要的人才。

企业员工希望自己的职业发展更好,期望企业能规范对人力资源的管理,但是一些小微企业人力资源的管理处于劣势,急需改进,对技术管理等方面的人才需求也比以往迫切。

在我国,绝大多数体育小微企业从事低端的加工业务,对劳动力的依赖较强,加工业务本身没有科技含量。虽然短期内在价格上占有优势,但长此以往在国际市场环境中竞争力较低,随着科技浪潮的到来,国际企业不断转型势必给这些体育小微企业的发展带来压力。劳动密集型企业本身升级较慢,没有核心技术的支撑,创新能力又较差,体育小微企业的发展困难重重。

(五)社会化服务体系不健全,服务水平不高

公益性服务体系的服务效果甚微。由于宣传推广不积极,许多体育小微企业并不知道政府性的公益社会化服务机构的存在;服务项目选择存在一定的偏差,并不能完全满足小微企业发展的需要,造成资源的相对浪费;公益性服务机构专业化程度低,缺乏专业技术人员和科研人员。

商业性服务机构服务水平参差不齐。商业性服务机构中有专门服务于小微企业的,但规模较小、专业化服务水平不高。

政府扶持资金不到位。政府每年投在扶持小微企业发展上的资金额度较小,扶持项目范围较窄,只停留在贴息补贴等项目上,且扶持力度不大,手续烦琐,交易成本较高,缺乏引导各类专业服务机构为小微企业服务的积极性,使得社会资源没有得到充分的利用。目前国家已开始对小微企业发展提供专项资金补贴支持,但程序上和方式上存在一些问题,并没有切实地让小微企业得到实惠。

(六)生产技术水平不高,缺乏转型升级动力

我国知识产权保护环境较差。目前,我国体育小微企业在知识产权保护方面管理意识薄弱,企业创新和转型升级的积极性不高。体育小微企业长期以来一直从事着附加值较低的劳动密集型产业,自主技术含量低。正是由于知识产权保护政策的不力,小微企业缺乏自主创新的动力,技术革新、产品升级并不能给企业带来应有的效益。

转型扶持政策制定不科学。高新技术型小微企业的政策性融资缺乏技术开发、技术升级,研究投入缺少必要的政策扶持。人才是小微企业转型升级的关键,政策体系中缺少小微企业人才培养的战略性政策,难以提高小微企业在与大型企业竞争人才时的优势。风投资本在小微企业技术

转型升级领域中缺少必要的规范性政策及法律。

专业化技术服务支持缺失。由于我国教育体制的问题，多年来高校的科研投入方向偏差不小，能够满足小微企业需求的科研成果较少，造成大量国家科研经费的浪费。而另一方面，小微企业的发展过程中很多关键性、共性的技术问题得不到高校科研资源的倾斜，在我国服务体系中也缺少专门为小微企业和高校搭桥解决技术问题的中介服务机构。

（七）扶持政策制定不科学，政府职能缺位

政策扶持效率低。目前的政策扶持主要以税收减免、税率优惠、贷款贴息等直接扶持方式为主，缺少更细致、更高效的间接优惠政策。现行增值税规定，购置固定资产、专利权等无形资产的进项税额不允许抵扣，使高税负难以全部转嫁，增加了企业的负担，影响了企业投资发展的积极性。一些政府优惠政策手续烦琐，需要小微企业花费大量的精力申请，投入了大量的人力、物力后对小微企业产生的利益微乎其微。一些占用资金多、投资见效慢但对整个行业的转型升级具有积极意义的项目，政府的政策引导作用没有充分发挥甚至缺失。

政策之间缺乏关联性。我国体育小微企业的管理部门比较散杂，管理体制条块分割导致各管理部门出台的相关政策缺乏连续性、关联性。政策体系的系统性、连续性和关联性的缺乏容易导致扶持政策的重叠和空白，制定的相关政策没有起到应有的作用，客观上制约了体育小微企业的发展，体育小微企业长期发展战略的制定增加了政策的执行难度，导致了扶植政策的局限性。

二、促进体育小微企业发展的建议

（一）完善市场经济体制

国家要尽量为体育小微企业的发展创造一个稳定的环境，促进体育小微企业的健康发展，完善我国的市场经济体制。中小企业为我国提供了90%的就业市场，促进中小企业健康持续发展是国家经济平稳健康发展的保证。因此，要完善市场经济体制，要提高政府部门对中小企业的服务意识，改善中小企业融资困难的问题，科学合理地分配各种资源，为中小企业创造公平合理的竞争环境，同时建立诚信平台，加大对失信行为的惩罚力度。

（二）建立现代管理体制

摒弃传统的家族管理模式，积极学习现代化的管理体制，创建学习型组织。彻底改变原来混乱的管理局势，制定明确的管理制度和规范，提高不同层次管理人员的能力。

（三）学习市场经济体制

更多地认识和学习市场经济运行规律，关注国内外经济运行状况，适时扩大或缩小经营规模。掌握市场经济体制的运行规律，对体育小微企业制定有效的经济决策和调整发展计划有重要的警示作用，避免企业不必要的损失。

（四）实行人才危机管理

解决体育小微企业人才流动的问题，应实行人才危机管理，只有这样才能极大限度地降低因人才流失而导致的损失。可从以下3个方面进行人才危机管理。

1. 预防人才流失

在人才流失前及时采取预防措施，能有效地防止人才流失。

2. 妥善处理人才流失问题

待员工离职后，管理者应及时与离职员工谈话沟通，一方面挽留他，另一方面了解员工离职的主要原因，从而在今后的人才管理中提前防范，尽可能降低人才尤其是核心人才的离职率。

3. 人才流失后续问题处理

公司人力资源部分析离职原因，完善和调整自身的结构。从组织结构、员工待遇及激励机制等多方面采取措施，从而最大限度地避免人才再度流失。

体育小微企业是我国经济的重要组成部分。要认识并不断改善小微企业的生存环境及自身缺陷，解决体育小微企业面临的问题，积极改革创新，为小微企业制订发展计划，促进更多的体育小微企业发展壮大。

（五）加强社会化服务体系的建设

建立综合的公益性服务机构，为体育小微企业发展提供信息咨询、人才培训、技术支持、创业辅导、市场开拓、管理咨询、融资担保、法律维权等服务，提高社会化服务机构的宣传效果。鼓励商业性服务机构为小微企业提供专业化、高质量的服务。通过减免商业性中介服务机构的相关税费、给予相关的扶持政策、提供适当的财政补贴降低商业化服务机构的收费门槛,使小微企业能够支付起中介服务费用。推动政府的中介服务职能改革,切实地将技术、资金和人才等生产要素有效地配置给体育小微企业,助力小微企业发展。

(六)加速推进体育小微企业转型升级

技术创新是推动体育小微企业升级转型的重要因素,通过减税、补贴等手段降低体育小微企业的生产成本,减轻目前的成本压力,鼓励企业进行技术升级、产品研发实现技术创新。加快知识产权、技术创新保护政策法律的出台,加强知识产权保护,改善知识产权保护环境。促进体育小微企业产业升级,推动小微企业由劳动密集型产业向技术密集型产业转型。加大对体育小微企业技术支持服务补贴力度,做好协助攻关技术升级服务工作。

(七)提高政策扶持效率,推动政府职能转变

政策的引导作用是促进体育小微企业发展的有效政府调控手段,在小微企业发展的不同阶段要制定出针对性和时效性较强的政策,通过政策扶持,引导小微企业合理配置资源,促进产业结构升级优化。应放宽行政审批、市场准入制度,权力下放,简化小微企业行政办事程序。建立政策效果评价体系,委托第三方对政策的实施效果进行客观的评价,提高政策实施效率。深化管理体制改革,打破管理体制条块分割的局面,从体制上解决扶持政策不连续、效率低的问题,切实为体育小微企业发展提供支持和保障。在全民创业的大环境下,创建多元化的体育小微企业融资格局,完善担保机制,充分利用社会资源,建立健全中介服务体系,改善体育小微企业发展环境。正确引导我国体育小微企业转型升级,推动内生型经济增长,提升地区竞争力,发挥好政府的服务职能,确保体育小微企业更快更好的发展。

第三章 体育小微企业自组织产生的外部条件

第一节 有关政策对体育小微企业系统的影响

一、财政政策促进体育产业高质量发展的理论基础

(一)理论依据

1.公共产品理论

所谓公共产品是私人产品的反面,是指在竞争领域和收益上的"非竞争性"和"非排他"产品,公共产品也被称为"公共物品"。准公共产品是介于公共产品和非公共产品之间的一类产品总称,如果说公共产品具有充分的非排他性和非竞争性,那么准公共产品则是在一定区域内具有非排他性和非竞争性,而在某一区域则不具有非排他性和非竞争性。根据萨缪尔森(Samuelson)对公共产品的定义,公共产品具有"消费的非排他性、消费的非竞争性、效用的不可分割性"等三个特征[①]。消费的非排他性主要是指任何人消费某一产品都不影响其他人消费该产品。消费的非竞争性主要是指某产品的消费不会影响其他人对该产品的消费费用,新增加的消费者使用该产品没有边际成本。效用的不可分割性是指公共产品不能够被分割,只能够以共享的形式,供给全社会的成员使用。

体育产业的产品属性取决于受益对象和营利性。体育产业所提供的产品包括了体育公共产品、私人产品,具有复合型的属性。体育公共产品是公共产品的重要内容,旨在满足公民的体育需求所提供的产品和服务。体育公共产品应由政府部门提供,但是由于政府能力的有限性以及体育公共产品作为产业发展的客观要求,其提供主体是政府,但是其生产主体可

[①] 李盼道,徐芙蓉.公共产品供给的理论逻辑与实践[J].西安石油大学学报(社会科学版),2019,28(04):15-27.

以是政府也可以是企业。因此,界定体育产品是公共产品还是私人产品,主要在于受益对象是社会公众还是特定的对象,以及是否具有营利性。

体育产业具有准公共产品属性。体育产业提供的产品虽然有公共产品的属性,但是其在大多数时候属于准公共产品。如:乒乓球馆、网球场、游泳馆、田径运动场等体育场馆,虽然在其容量约束范围之内是非竞争的,但具有一定的排他性。这类场馆虽然可通过向社会大众开放,满足社会大众体育运动需求,但如果有些场馆收取门票,则会使得一部分人群无法享受到场馆的服务。因此这类体育产品属于体育准公共产品。当体育产品的这种排他性较强时,会阻碍一部分人群无法进入体育场馆,也影响了体育场馆的使用频率。此时如果通过财政补贴的方式,实行门票免费,则有助于提高场馆的使用频率,增加体育产品的覆盖面。从体育产业的市场主体看,从事体育产业的小微企业在获得经济效益的同时,又为社会解决了体育消费需求,为社会提供了更多的公共体育资源,具有公共产品属性。为了确保体育公共产品供给的延续性,有必要通过市场的力量、产业化的发展模式,使得公共产品能够得到保障。财政政策促进体育产业的高质量发展,就是要通过财政政策的支持,加强体育准公共产品的供给,提高准公共产品的供给水平,推进体育准公共产品的供给侧结构性改革,不断培育和发展市场主体,满足人们的体育消费需求。

2.外部性理论

外部性是指某一行为主体的活动为社会或者他人带来的影响。如果行为主体的活动能够为社会和其他人带来正面的、积极的影响,这种正面的、积极的影响是受益群体不需要付出相关经济代价的,称之为正外部性;反之,如果行为主体的活动为社会和某些群体带来负面的、消极的影响或者损害,则称之为负外部性。当某种行为和产品具有外部性时,市场对资源的配置作用是缺乏效率的。由于具有正外部性的产品并不是企业所追求的最终目标,只有经济利益才是企业经营的目的,因此具有正外部性的产品在没有外部补贴的情况下,往往市场供给不足。当具有正外部性的产品社会收益低于企业私人收益时,其产品的供给量就会受到影响。因此,具有正外部性特征的产品,通常政府采取支持和鼓励引导的态度,或者对其进行经济补偿,使私人收益与社会收益趋于一致。而具有负外部性特征的产品,通常政府则是通过税收或法律法规来进行调控,旨在缓解负外部性的不利影响。

体育产业的发展有助于增强人们的身体素质,促进身体健康,提高全民族的健康水平。财政政策对体育产业的干预,有助于缓解市场失灵,改善体育产业发展环境。体育产业的正外部性体现了体育产业发展对社会公众的正面、积极的影响。目前国家对体育产业项目的准入放开,增强了民间资本进入体育产业的积极性,使得企业可以进入体育产业领域,为社会提供体育产品。如果将体育产业全部交由企业来做,将会导致市场失灵,财政政策的介入,有助于推动政府加强对体育产业发展的引导,构建良好的营商环境,可以缓解市场失灵,通过财政的补贴、引导资金、税收优惠等政策,达到宏观调控的目标,加强体育产业有效供给,增强企业的投资回报率,促进其为社会提供更多的具有正外部性的体育服务和产品。

财政政策促进体育产业高质量发展,有助于增加体育产业的有效供给。财政资金对体育产业的投资,不但使市场主体收益增加,更能够发挥投资项目的公益性,普惠于社会大众,增加全社会的体育服务。无论是从个人层面的提高身体素质,还是从国家层面的增强全民身体健康水平上看,财政政策促进体育产业高质量发展,其正外部性都是毋庸置疑的。正是由于体育产品和服务的正外部性,也就决定了政府对体育产业进行扶持的正当性。

(二)财政政策促进体育产业发展的工具选择

财政政策工具是政府用于服务实现既定财政政策目标实施的一系列财政手段。财政政策促进体育产业发展的主要工具有财政资金的直接补贴、建立产业发展引导资金、财政贴息、参股渗股、税收优惠等。

1.直接补贴

财政直接补贴是指对体育小微企业直接以财政拨款的方式进行的资金补贴,直接补贴是财政政策促进体育产业发展的最主要的工具。政府对某一产业的发展进行财政补贴也是国际上其他国家最常使用的财政工具。虽然有些发达国家实行所谓的"自由市场经济",但是仍然可以窥见其为了引导某一领域和某一产业的发展,而采取财政直接投入资金的方式,来影响产业发展的方向。财政直接补贴,可以采取补贴给企业的方式,也可以补贴给消费端。财政补贴支持体育产业发展,是政府直接从财政资金中拿出相应的财政支出用于扶持体育企业或项目,其直接受益者是体育企业。

财政补贴政策工具效应主要在于补贴对象和补贴环节的选择,财政补贴政策实施的目标是实现补贴效用的最大化。在体育产业发展的初期,对体育产业直接补贴,可以有效地拉动体育产业的发展。但是,随着体育产业的深入发展,市场竞争秩序不断形成,体育产业的直接补贴往往会在一定程度上影响市场竞争的公平。要用好财政直接补贴,就必须明确分配方式、分配对象和分配时间,只有这样才能够对体育产业发展起到引导和促进作用。

财政直接补贴的优点在于灵活性和针对性。财政直接补贴可以采取最为直接的方式拨款给企业,可以用最便捷的方式惠及体育企业,使其享受到财政资金的补助。财政直接补贴具有较强的方向性,可以选择亟须补贴的体育企业,给予其财政补贴。通过财政的干预,对体育产业的发展起调节作用,此举有助于稳定体育产品和服务的供求关系,维护生产经营者或消费者的利益,有助于优化体育产品的资源配置,改善供给与需求结构。

财政直接补贴的缺点在于短期性和收入分配的调节具有逆向性。财政直接补贴只能在短期内起到激励与调节的作用,如果长期使用财政直接补贴将对市场经济运行起到较强的干预作用,影响市场经济秩序,造成不正当竞争,加剧市场风险。虽然通过财政补贴帮助接受补贴的企业减少了成本,增强了资金的流动性,但是,也容易影响市场主体的公平竞争,在一定程度上削弱了市场本身优胜劣汰的调节作用。直接补贴这种无偿性的支出行为有可能改变受益对象的预算约束条件,使其效率降低,导致影响体育市场的价格。在财政直接补贴政策实施中,往往效益越好的企业,越容易符合补贴条件,导致直接补贴资金造成"累大户"情况的存在。

2.产业发展引导资金

体育产业引导资金是地方政府出台的扶持体育产业发展的财政政策工具。设立体育产业引导专项资金的根本目的是引导体育产业发展,通过产业发展引导资金的介入,优化体育产业的产业要素和产业资源配置,对社会资本起到吸引和撬动的作用。体育产业发展引导资金来自地方政府财政预算资金、地方体育彩票公益金等,也有一些地方政府在其他政府基金中设立专项体育产业发展引导资金,用于支持体育产业发展。国务院办公厅2010年发布的《关于加强发展体育产业的指导意见》中,首次提出了通过建立体育产业发展引导资金,扶持体育产业的健康发展。体育产业发展引导资金来源决定了其公共资金属性,体育产业引导资金不是私人投资,而是一种财政的调节和引导行为,需要履行严格的项目筛选和评估决策程序。体育产业发展引导资金的"引导"作用,体现在为初创企业提供引导资金,对产业发展扶持等方面。当前我国许多省市都建立了体育产业发展引导资金,旨在对体育产业进行孵化。然而,设立体育产业发展引导资金并不是意味着对市场进行大包大揽,而是发挥市场在资源配置中起决定性作用的基础上,通过科学的配置机制,引导、健全体育市场体系,增加全社会体育产品的供给。

体育产业发展引导资金的优点在于带动性和导向性。符合引导资金申报要求的体育市场主体通过"评审、立项、结项"获得相应的资金支持后,能够在体育产业发展引导资金的带动下,加大企业项目的投资力度,达到吸纳社会资本的目标。体育产业发展引导资金建立的目的在于对体育产业的发展方向进行引导。体育产业发展引导资金的建立,采用的是政府引导、市场运作的方式,有助于体育产业转型升级和结构调整,减少低端产业的重复性发展和项目的低效建设,提高了产业运作效率,也使体育产业能够向政府所期待的弥补体育公共服务的领域发展,解决体育企业的资金不足问题,树立体育企业的投资信心。

体育产业发展引导资金存在的缺点在于门槛高、行政成本高、项目选择难度大。产业引导资金的普惠性往往不强,只针对某一领域、某一方向的体育产业,并且用于引导资金的项目盈利的较少,加上申报的门槛较高,使得体育产业发展引导资金对普惠性的群众体育项目扶持不足。体育产业发展引导资金的项目申报、审核、资金落实、后期监管等方面,需要投入大量的人力、物力。体育产业发展引导资金的使用难点在于项目的选择,当某一地区所有项目均不符合产业引导资金的使用方向时,如何选择合适的项目,给予引导资金扶持,成为一大难题。

3.财政贴息

财政贴息是指在体育小微企业融资过程中,通过财政担保,给予企业融资支持,以降低企业的融资成本,增强企业的资金流动性,为体育小微企业的成长壮大提供资金。由于我国体育产业刚刚起步,体育消费市场发育并不成熟,体育项目的投资面临着风险投资周期长、投资不确定性风险较大的困境,使得一些初创企业没有信心进入新领域。而通过财政担保,或者由财政补贴利息,使体育小微企业能够增强投资信心。财政贴息这种财政政策,与直接补贴相比,不是一次性的投入,使得财政收入较为困难的地方政府能够减轻财政支出压力。同时还可以利用金融作用,为企业提供可持续发展的条件。

财政贴息工具的优点在于灵活多样、带动性强。财政贴息工具较为灵活,财政贴息不仅可以依托体育产业发展引导资金,也可以使用本级或申请上级财政资金。财政贴息通常更广泛地服务于中小微体育企业,能够解决体育小微企业贷款门槛高、缺少有效质押物等问题,使得更多的体育小微企业获得信贷资金支持。

财政贴息工具的缺点在于信用要求高、资金使用监管难。在现实中,由于申报财政贴息项目的体育小微企业往往信用信息不健全,缺少完善的信息披露机制,体育小微企业的财政贴息风险、担保、保险体系均不完善,项目申报的过程过于烦琐,无形中增加了财政贴息的难度。受限于财政贴息对于企业信用信息的依赖,使得财政贴息工具对于小微体育企业惠及面不足,对体育小微企业的扶持作用较为有限。在财政贴息工具的支持下,体育小微企业获得贷款后,其资金使用情况政府无法进行有效的监管。在企业无法偿还本金的情况下,为政府财政也带来较大的风险。

4.参股渗股

从财政支持体育产业看,体育产业融资政策工具应用范围在不断扩大。比如,公共体育场馆及设施的PPP模式(政府和社会资本合作Public-Private Partnership),政府财政担保的体育大型赛事的银企合作模式,政府牵头企业参与的体育产业担保基金等。近年来,随着体育产业的发展,其财政支持政策也不断地多样化。通过参股渗股的方式,可以有效地使政府缓解财政预算压力,分化财政风险,提高财政资金效率。在政府培育的体育产业的发展中,以财政资金参股渗股的方式,达到支持企业做大做强的目标。通过参股渗股的方式,可以使政府财政手段与企业市场手段有效融合,对解决体育小微企业在体育产品及服务供给过程中融资问题,尤其是数量众多的体育小微企业"融资难、融资贵"问题具有重要的意义。

参股渗股财政工具的优点在于杠杆效应和融资增信。通过政府财政资金的参股渗股,有助于带动社会资本的参与。在体育场馆设施建设、用地及其他项目建设条件上为体育小微企业的发展和壮大提供政府支持,更容易使体育小微企业参与公共体育服务领域投资。在参股渗股的基础上,实现企业和政府合作,共同建立运营公司,政府在体育企业投资的项目中占有一定的股份,有助于构建企业和政府的利益共同体,实现利益共享、风险共担的机制。

与此同时,参股渗股也具有一定的缺点,主要表现在影响市场公平、成本转嫁等方面。财政资金的参股渗股有可能造成基于特许经营的行业垄断,对公平的市场竞争环境造成负面影响。财政资金参股渗股形成的公私合作形成的复杂交易结构,可能会降低运营的效率。在体育公共产品领域的参股渗股容易造成公众使用公共体育产品和服务的成本提高。在体育公共产品完全由政府投资的背景下,其非营利性和不按全成本核算定价的特征,使得公众使用体育公共产品所需支付的费用较低,而财政资金参股渗股形成的原有体育公共产品的"公私合作",则容易造成产品供给成本的转嫁,使公众不得不付出更多的费用来享受体育公共产品和服务。

5.税收优惠

税收优惠政策是促进体育产业发展的财政工具之一。通过税收的优惠,政府减免体育小微企业相应的税金,减轻了小微企业的负担,使得企业可以在市场竞争中轻装上阵,获得发展的先机。税收优惠包括税基式优惠(免征额、费用扣除、盈亏互抵)、税率式优惠、税额式优惠(税收抵免、减免税)、递延式优惠(加速折旧、分期纳税)等方式。税收优惠政策虽然不是直接给企业资金补贴,但是通过税收优惠,可以对体育企业提供间接的资金支持。

从财政支持体育产业发展来看,税收激励主要是政府对体育小微企业相关税基及税率进行调整,以激励企业开发高科技体育产品,推进产品升级、产业结构优化,实现体育产品及服务的有效供给。目前,政府体育产业税收激励方式主要有企业科技开发费用计入成本减少税基、税率优惠等。从税收公平原则上看,税收激励的措施减少了政府应收税金,相应也减少了政府提供公共产品及公共服务的支出,公共利益相应受到损失;公众应该获得的收益更多的是体育产品和服务消费在价格上的优惠,如果不能达到这个目的,税收激励的政策效应是比较低的。

税收优惠的优点在于可以为体育小微企业提供持续性的税收减免支持,帮助体育小微企业节约经营成本。相对于其他财政政策工具的直接性特点,税收优惠具有灵活性、时效性,有助于增强财政补助的可接受性、低行政费用等特征。灵活性主要表现在税收优惠的形式更加多样;时效性体现在当纳税人履行纳税义务时可直接从应纳税款中自动兑现,减少了资金的周转时间;有助于增强财政补助的可接受性,相对于直接补贴,税收手段更加隐蔽,更容易使企业心安理得地接受;行政费用低说明税收优惠省去了财政拨款的周转时间,可以直接与税款征收相结合完成。但是税收优惠政策也存在着一定的缺点,主要体现在较强的隐蔽性、效果短期性、收入分配调节逆向性、税收漏洞风险性等方面。较强的隐蔽性表明税收优惠相对于直接财政补贴,更不容易被预算所约束。效果短期性说明税收优惠一般适于在短期内使用,长期使用必定会在资源配置和收入分配上产生较大扭曲。收入分配调节具有逆向性是指容易造成收入越高的企业,从税收优惠中获利越多的状况。税收漏洞的风险性是指由于税收优惠的隐蔽性,更容易存在被纳税人滥用的风险,使税收优惠成为避税工具。

(三)财政政策促进体育产业高质量发展的作用机理

政府通过财政政策支持体育发展,达到开发体育市场,满足体育消费的需求。供给侧理论表明,财政政策的介入有助于解决微观主体的生产积极性和市场配置资源的效率问题。

1.财政政策促进体育产业需求的作用机理

根据需求侧管理理论,通过政府的投资可以对社会消费者的需求起到拉动作用,通过政府投资可以完善相应的基础设施和公共产品,满足社会需求,解决经济低迷的问题,提高经济增长速度。财政政策促进体育产业高质量发展需求的作用机理主要体现在降低消费成本和调整消费结构上。一方面,降低消费成本。财政直接补贴、贴息、产业引导资金、参股渗股、税收优惠等相关财政政策,有助于增强消费动力、提高消费水平,使消费者有能力进行体育消费。另一方面,促进消费结构的调整。通过财政资金的调节作用,可以引导消费者的消费热点和消费领域,使得体育消费更符合宏观经济调控的要求。同时,财政政策的实施有助于开发体育市场。由于企业投资的有限性,在某些体育场馆、大型公益性体育设施等建设过程中,仅仅依靠企业和市场的资源配置往往无法满足全社会的消费需求,而通过政府财政资金的介入,可以以促进体育公共服务均等化为政策目标,使更多的人有机会、有条件参与体育锻炼和健身活动,形成有效的体育消费需求。

从具体消费内容上看,财政政策促进体育产业需求主要体现在科学健身需求、大众运动需求、体育娱乐需求、健康生活需求等方面。

第一,科学健身需求。财政资金投入全民健身运动,丰富了全民健身场馆和设施。在财政政策的支持下,通过对全民健身、雪炭工程、公共体育场馆开放、体育公园和社区体育场等方面的投入,有助于满足大众科学健身的需求。各类健身馆、健康课堂、健身APP、体育教练等需求不断提高,健身运动更加精准化,由此也带动了健身器材、用品等消费需求的增长。

第二,大众运动需求。传统的体育消费需求更偏向与竞技相关的体育项目,是一种小众运动需求。在财政资金的促进和引导下,降低了体育运动的消费门槛,使更多的人可以参与体育运动,推动了小众体育运动向大众体育运动的转变。通过财政资金投入,起到消费回补的作用,带动了健身休闲消费、竞赛观赏消费等。根据《2017年中国居民消费发展报告》,除了传统的乒乓球、羽毛球以及足篮排三大球运动外,马拉松运动、山地户外运动、冰雪运动、水上运动、汽摩和航空运动、体育旅游等已成为新的体育消费热点。

第三,体育娱乐需求。随着消费水平的升级,财政资金对体育产业的支持还有助于扩大体育娱乐消费需求,有助于促进传统的竞技体育不断向竞赛化和表演化转变,并拉动体育娱乐周边的广告业、新媒体、转播等其他产业的发展。体育财政资金的投入,拉动传统消费从"生存型"消费向"发展型"消费转变,使消费者在体育赛事直播、体育资讯、体育电影等方面的消费需求得到满足。

第四,健康生活需求。财政政策有助于促进人们生活方式的转变,实现体育消费需求与健康生活需求相结合,使人们愿意在定向运动、户外徒步、体育旅游等方面增加消费,养成健康的生活方式。例如:2017年国家9个部委发布《关于支持社会力量举办马拉松、自行车等大型群众性体育赛事行动方案》,提出为举办体育赛事的企业给予融资支持。通过财政贴息工具,鼓励大众参与群众性体育赛事,形成健康的生活和运动方式。

2.财政政策促进体育产业供给的作用机理

财政政策促进体育产业高质量发展的供给作用机理主要体现在体育产品和服务的成本、结构、渠道、质量等方面。在财政政策的引导下,市场主体容易产生更多的生产动力,体育产业的财政直接补贴、产业引导资金、贷款贴息、参股渗股、税收优惠等相关政策,有助于降低企业的生产成本,提高体育产品的边际收益,进一步达到优化体育市场营商环境的目标,促进体育市场主体投资行为更加活跃。

财政政策促进体育产业供给作用机理具体体现在体育产业降低成本、优化结构、拓展渠道、提高质量等方面。

第一,有助于体育企业降低成本。通过财政政策的作用,降低企业的生产成本、流通成本、销售成本等,使得企业能够产出更多的产品和服务,有助于扩大供给规模。如:根据《国务院办公厅关于促进全民健身和体育消费推动体育产业高质量发展的意见》中,强化了平台建设的支持,提出了由政府财政出资,建立中国体育产业投资基金,并强化企业的融资服务,为企业获得更多的财政资金支持、降低成本提供重大的政策利好。

第二,有助于优化体育市场主体结构。通过财政政策的资金引导作用,有助于企业改进产品和服务供给的结构和方向,促使企业生产更多的符合财政政策的体育产品和服务,从而达到产品结构调整和产业结构调整的目标。长期以来,我国体育产业过于注重制造业的发展,在一定程度上造成了体育产品的产能过剩,甚至是一些体育产业的重复性建设,而通过财政政策的调节作用,可以改善和优化体育产品供给现状。财政政策对体育产业的介入,支持了体育市场的有效供求,对体育产业结构调整和产业升级的项目给予财政扶持,引导更多的社会资本进入体育产业结构调整的投资方向,达到产业转型升级的目标,促进我国体育产业发展水平的整体提升,实现体育产业的高质量发展。

第三,有助于拓展体育产品和服务的供给渠道。财政政策的调节作用,使得体育产品和服务拥有更丰富的供给渠道。如:财政政策扶持下承办的大型体育赛事,如建设体育公园、体育场馆、健身步道、自行车道、球类、冰雪运动场地等,虽然有些没有直接将资金补助给体育企业,但却使体育服务业企业的产品和服务有了供给的平台和渠道,有助于优化体育产品和服务的供应链,拓宽了体育产品和服务销售渠道的广度与深度。

第四,有助于提高体育产品和服务的质量。在财政政策补贴下,更多的公共体育设施向公众免费或者低收费开放,推广的各类民族、民间传统体育运动项目,更贴近地域特色和群众实际,打造了群众身边的体育运动平台,推动了公共体育服务质量的提升。同时,在体育小微企业方面,财政政策有助于提高体育小微企业生产和供给能力,减轻企业税收负担,增加企业新产品研发的财政补贴,使企业能够提升产品质量,从而提高体育产品和服务的供给水平。

二、体育产业财政政策发展历程及现状

我国体育产业财政政策的发展历程以1978年改革开放作为界线,在1978年前实施的主要是以竞技体育为主的财政政策,而在改革开放后,随着体育产业市场化和社会化的发展,财政投入对市场主体的引导作用也不断增强,体育产业财政政策进入了群众体育与竞技体育财政投入协同阶段。

(一)体育产业财政政策发展历程

目前学术界对于体育产业财政政策发展历程尚没有明确的时间界定,通过广泛的文献和资料收集分析,可以将我国体育产业财政政策发展历程大体划分为两个阶段。

1.以竞技体育为主的财政政策(1978年前)

中华人民共和国成立后,百废待兴,为了稳定金融市场,我国采取"统收统支的高度集中的财政体制",在这种财政管理体制下,中央和地方财政支出没有统筹的关系。自1953年后,我国开启了第一个五年计划,开始实行中央统一领导、对地方财政分类管理的财政管理体制。中央掌握着最重要的财政权力,对体育事业实行全额财政拨款,并将体育事业相关的所有经费均纳入中央和地方财政计划,政府通过行政性指令来布局、管理和规划体育,明确体育投资方向。1954年,国家体委做了《关于加强人民体育运动工作的报告》,提出:"要增强人民群众的体质,推动体育运动普及[1]。"在以竞技体育为主的计划经济时代,通过体育的发展,达到政治目标是当时的体育发展的主题。在这一时期,体育财政投入主要用于培养优秀的运动员,以及安排运动员训练,组织国内体育比赛,发展竞技性的体

---

[1]《关于加强人民体育运动工作的报告》,1954.

育项目等。

2.尝试群众性体育与竞技体育同步财政投入阶段(1978—2001年)

1978年改革开放后,我国的群众体育需求得到了释放,进入了竞技体育与群众性体育同步发展的阶段,财政投入政策也实现了兼顾体育竞技与群众性体育项目的发展。1979年,国际奥委会恢复了我国奥林匹克委员会的合法席位,在国内掀起了竞技体育的热潮。在20世纪80年代,财政投入更倾向于竞技性体育。主要由于我国人口基数大、经济基础薄弱,要提高全民体育素质并非一朝一夕的事情,而竞技体育却能够在短时间内获得较大的提升,因此竞技体育的发展在改革开放的初期仍然是财政投入的主要目标。20世纪90年代后,国家对群众性体育的发展日益重视,特别是1995年国务院颁布了《全民健身纲要》,对群众性体育的发展被提上议事日程。国家将大量的财政资金投入全民健身路径、体育场馆、场地、器材建设。在20世纪90年代国家大力推进体育事业发展体制改革的背景下,群众性体育得到了快速发展,特别是国家体委提出了"六化六转变"的体育发展思路,为社会化体育的发展提供了方向,形成了社会资本投资和财政资金相协同的体育产业投入格局。

3.国家积极扶持体育产业发展阶段(2001年至今)

进入21世纪后,除了财政性资金投入外,还有大量的民间资本涌入体育产业。私人的体育制造业、体育场馆投资日益活跃,形成了财政资金和民间资本合力投入体育产业的态势。特别是2001年7月13日我国成功申奥,带动了政府通过财政资金对体育产业的投入,2002年我国体育财政投入的增幅达到了45.84%。2012年,《国务院关于印发国家基本公共服务体系"十二五"规划的通知》(国发〔2012〕29号)文件,明确将体育纳入国家基本公共服务体系,体育产业作为基本公共服务的构成,享受政府财政资金的支持。国务院办公厅相继出台了《关于加快发展体育产业的指导意见》《关于加快发展体育产业促进体育消费的若干意见》,各地也出台了体育产业发展引导资金,引导体育产业做大做强。

(二)体育产业财政政策工具日益多样化

我国现行的体育产业财政政策工具主要有税收优惠、产业引导资金以及其他扶持形式。专门针对体育产业发展的财政政策,主要来源于体育产业项目的贷款贴息、项目补贴、政府重点采购、股权投资、以奖代补、先建后补、绩效奖励等方面,通过体育产业发展引导资金来促进体育产业的发展。

1.产业引资资金

2010年国务院办公厅发布的《关于加快发展体育产业的指导意见》指出,进一步拓宽体育产业发展资金来源渠道,建立体育产业发展引导资金。第一次用文件的形式阐述了体育财税政策工具的运用。随后体育产业资金在诸多省市建立起来,成为引导体育产业发展、推动体育项目建设的重要助手。体育产业发展引导资金在推进体育产业供给侧结构性改革,吸引民间资本投资中发挥着重要的作用。国家层面大多对于体育产业发展的财政政策仍然局限于出台相应的"意见"方面。《关于加快发展体育产业的指导意见》,提出加大体育产业财政资金补助力度,合理使用彩票公益金,提高财政补助用于大众健身体育设施的日常维护。《关于加快发展体育产业促进体育消费的若干意见》提出,采用政府财政补助、贷款财政贴息、体育发展专项资金奖励等方式,支持体育产业发展。根据各省(直辖市)体育局的相关数据和资料,现有的体育产业发展的财政政策主要由地方政府(省级)来开展,目前我国15个省(直辖市)建立了体育产业发展引导资金,根据国家体育总局的资料,地方政府设立的体育产业引资资金累计达190亿元。

2.财政贴息

财政贴息主要是政府对承贷企业的银行贷款利息给予的补贴,随着我国体育产业的发展,通过财政贴息的方式对体育产业进行扶持在我国个别省份也得到了广泛的开展。目前广东省、山东省、江苏省等经济发达省份建立了财政贴息制度,通过财政贴息的方式支持体育产业发展。

广东省重点支持具有独立法人资格从事体育产业活动的企业,要求体育企业应为《国家体育产业统计分类》中的行业类别,对中小微体育企业的贷款提供贴息。采取"先贷后补"的方式,要求体育企业的贷款利息不得少于5万元,不得高于200万元。

山东省体育产业和文化、卫生、养老等项目一并享受财政贷款贴息补助。体育产业方面主要集中在民办体育场馆、健身场所、竞赛表演、体育健康、休闲旅游基地等。要求贷款的利息不少于10万元,不高于500万元。

江苏省结合社区10分钟体育圈、全民健身运动、大型体育场馆建设等信贷方向,给予体育企业贷款财政贴息。要求体育企业的贷款利息不少于10万元,不高于500万元,要求获得贷款财政贴息的企业必须设置健身项目,吸纳群众参与全民健身运动,对项目周边的其他服务业具有较强的拉动和辐射作用,具有较高的社会效益。

3. 参股渗股

参股渗股也是财政支持体育产业发展的重要手段。2019年财政部发布了《关于推进政府和社会资本合作规范发展的实施意见》(财金〔2019〕10号),提出了应在体育产业领域加强PPP项目建设,推进体育公共服务的均衡发展。近年来,随着PPP项目的兴起,体育领域的PPP项目得到广泛的推广。

目前53个开展PPP合作的项目中,已经由发改委批复立项(批复项目实施方案、建议书或项目可行性研究报告)的项目30个,正在开展前期工作的项目23个。已由社会资本方和地方政府成立PPP运营公司的项目36个,正在寻找社会资本方合作的项目17个。

4. 税收优惠

为了促进体育产业的健康发展,我国制定和出台了一系列与体育产业相关的税收优惠政策。与体育产业相关的税种主要有增值税、企业所得税、房产税、土地使用税等。

第一,是对体育服务业企业及小微企业的税收优惠。在企业所得税方面,对年度应纳税所得额不超过300万元、从业人数不超过300人、资产总额不超过5000万元的小微企业,对小型微企业年应纳税所得额不超过100万元的部分,减按25%计入应纳税所得额,按20%的税率缴纳企业所得税;对年应纳税所得额超过100万元但不超过300万元的部分,减按50%计入应纳税所得额,按20%的税率缴纳企业所得税。

第二,是对体育场馆的税收优惠。体育场馆自用的房产和土地,可享受有关房产税和城镇土地使用税优惠。企业拥有并运营大型体育场馆的,其用于体育活动的房产、土地,减半征收房产税和土地使用税。

第三,是对体育企业公益性行为或体育事业单位的税收优惠。在房产税和城镇土地使用税方面,由国家财政部门拨付的经费的体育用房免征房产税。在车船使用税方面,有国家财政部门拨付经费的体育事业单位自用的车船免征车船使用税。

三、财政政策促进体育产业高质量发展存在的问题

近年来,我国体育产业的财政支持力度不断加大,取得了一定的成效,但仍然面临着较多的问题,有待解决。财政政策促进体育产业高质量发展需要具有合理的投入规模和投入结构,多元化的财政工具运用,并能够发挥财政资金对于社会资金的引导作用。然而当前,体育产业财政投入规模较小、体育产业财政投入结构不合理、财政政策工具运用不足、财政对多元化体育投入的引导不足、体育公共财政政策缺少监督是财政政策促进体育产业高质量发展存在的突出问题。

(一)体育产业财政投入规模较小

我国体育产业财政投入规模不足,导致无法发挥规模效益,体育产业财政投入规模占比较国外也有较大差距。

1.体育产业财政投入规模占比较国外有较大差距

从体育产业财政投入占国内生产总值比重方面,2000年以来体育产业财政投入占国内生产总值比重平均值为0.2445%。而美国、日本等发达国家在体育产业财政投入占全部财政支出比重在1.4%左右,我国体育产业财政投入与发达国家尚有较大的差距。

根据财政部预算司全国公共财政支出决算表和尼尔森数据的相关数据,可以看出,当前发达国家政府财政对体育的投入不断加大,与美国、日本相比,我国体育产业财政投入水平明显不足。

2.投入不足导致体育产业财政投入没有发挥规模效益

近年来我国体育产业财政投入虽然有所增长,但是体育产业财政投入占财政总支出比重总体呈现下降趋势。

与经济发展的总量和财政支出的总量相比,我国体育产业财政投入比重较低,降幅较大。自我国2001年申奥成功后,政府加大了体育产业财政投入的力度,然而在北京2008年奥运会后,体育产业财政投入占财政总支出比重不断下降,并趋于平稳,保持在0.3%以下的水平。总体上看,我国体育产业财政投入占财政总支出比重大趋势呈现出下降的态势。

(二)体育产业财政投入结构不合理

我国体育产业财政支出比重最高的是体育场馆、体育训练;美国、英国体育产业财政支出比重最高的是体育竞赛和体育训练;日本体育产业财政

支出比重最高的是体育竞赛和群众性体育。总体上看,我国体育产业财政投入结构具有以下特点。

1. 行政运行和机关运行费用较高

体育财政政策主要体现在财政对体育产业的投入方面,其财政投入更多的是公益性和事业性的。行政运行、一般行政管理、机关服务、运动项目管理、体育竞赛、体育训练、体育场馆、群众体育、体育交流合作是我国体育产业财政投入的重要方向,全民健身运动组织开展、体育场馆、体育设施等方面建设,以及比赛的举办、运动项目管理等是主要投入方向。从体育产业财政投入的内部情况看,我国体育场馆、运动项目管理、行政运行等占据了体育产业财政投入的主要权重。

从与其他国家体育产业财政投入的结构对比可以看出,我国体育事业的财政支持中,行政运行和项目管理占据重要位置,较美国、英国、日本行政运行和项目管理的支出比重分别高出4.11、4.43、1.62个百分点,体现出在支持体育产业发展中较高的行政运行和项目管理成本。如:北京市审计局2019年对北京市体育局本级2018年度预算执行和其他财政收支情况进行审计时发现,北京市体育局存在向不符合条件的单位提供补助、违反政府购买服务规定等问题,涉及资金3236.55万元。从上述案例可以看出,体育行政机关对行政运行经费把关不严、开源节流不到位、资金使用不规范等问题仍然较为突出。我国体育产业财政支出的构成中行政运行和项目管理占比较高的原因主要在于,体育行政机构膨胀,简政放权力度不足,支出透明度不高,对行政成本缺少必要的约束与监督等。根据瓦格纳的"政府活动不断扩大"法则,在缺少必要的外部约束和监督条件下,行政成本将呈现出自然增长的态势。

2. 群众性体育领域体育产业财政投入较少

从现有的数据来看,对竞技体育的投入较多,而对群众性体育投入不足,仍然是我国体育产业财政投入面临的重要问题。相对于美国、日本、英国等发达国家将大量的资金投入群众性体育项目的做法,我国体育财政投入更趋向于注重竞技体育的发展。根据第六次全国体育场地普查数据公报,我国平均每万人拥有体育场地12.45个,人均体育场地面积1.46平方米,仅为美国的12.45%和11.3%,此指标与发达国家相比仍然具有较大的差距。

国外的体育产业财政投入方向主要用于大众健身、体育场地设施、反兴奋剂、体育科学研究等方面。如：澳大利亚和芬兰、新加坡等国家均设立了公益性的体育基金，用于促进公益性体育事业发展。美国近年来不断加大对体育竞赛、群众性体育、体育训练等方面的财政支出力度。日本主要通过体育基金和体育彩票公益金对群众性体育进行投入，对群众性体育的开展给予补贴。日本群众性体育补贴的来源主要有体育振兴基金、体育彩票公益金，补贴的项目主要有群众性体育比赛、全国或国际性的比赛、体育研究和培训、社区体育设施、综合性社区体育俱乐部建设等。发达国家的体育设施建设基本由政府投资来进行，日本中央政府对体育产业财政预算的内容主要包括"设施建设、活动开展、指导员培养、团体组织建设"等方面，其中63%为"设施建设"方面的投入。

虽然近年来我国体育财政投入呈现出逐年增长的趋势，但是仍然存在结构不合理的问题。DEA纯技术效率用来反映制度性和结构性所带来的效率，纯技术效率水平越高，越表明结构性和制度性的因素带来的收益越好。从DEA的纯技术效率分析来看，虽然我国体育产业财政投入的纯效率呈现出增长的态势，但是仍然有较大的效率改进空间。主要由于我国体育产业财政投入在行政和机关运行领域较高，而在群众性体育领域的投入较少。大量的财政资金用于维护体育行政管理以及行政单位的基本运行，而用于群众性体育设施、服务相关的投入较少，影响了财政资金经济效益与社会效益的发挥。

（三）财政政策工具运用不足

1.体育产业发展引导资金扶持力度不够

第一，体育产业财政资金对企业扶持力度较小。为了弥补财政预算投入资金的不足，各地通过建立体育产业发展引导资金来推动体育产业的发展，但是目前额度和规模仍然较小。如：根据《南京市体育产业发展引导资金使用管理办法》，对体育产业园区、基地、生产流通领域的项目最高可给予项目业主不超过100万元资金扶持；对于赛事类项目，可以给予主办方不少于50万元资金扶持；对于其他企业类项目给予不超过30万元资金扶持。

第二，体育产业发展引导资金对产业基地扶持力量不足。为了加快体育产业高质量发展，北京、山东等地建立了体育产业发展集聚区（基地），但是体育产业发展引导资金对集聚区的扶持力量有限,在山东省2018年实施产业引导的47个项目中,省级体育产业基地的项目仅占7个,占资助项目数量的14.89%,占项目总投资额度的26.15%。财政支出对体育产业基地的扶持力度不足,不利于产业基地发挥项目和产业引导的作用,不利于体育产业的做大做强。

2.参股渗股力度不足

参股渗股力度不足主要体现在如下几方面。

第一,政府与企业合作体育产业类PPP项目落地的较少。通过在全国PPP平台项目库进行检索调查发现,截至2020年末已录入全国PPP平台项目库的体育产业类重点项目53个,涉及的省(自治区、直辖市)仅有北京、河北、山西、内蒙古、江苏、浙江、安徽、江西、山东、湖北、广东、广西、四川、贵州、云南、陕西、青海、宁夏等18个,尚有16个省(自治区、直辖市)没有体育产业类项目被纳入全国PPP平台项目库。在现有的项目库中,还有43.4%的体育产业类PPP项目没有获得立项,处于前期规划阶段;有32.08%的体育产业类PPP项目没有落实社会资本方项目业主。从以上数据可以看出,纳入国家项目库中的体育产业类PPP项目得到落实和建设的项目较少。

第二,社会资本与政府合作的积极性不高。除全国PPP平台项目库的项目外,通过互联网检索发现,有据可查的地方政府财政通过参股渗股对体育产业开展扶持的项目较少。仅有江苏(江苏泰州体育公园项目)、浙江(浙江衢州市体育中心PPP项目)、河南(河南开封市体育中心PPP项目)、青海(西宁市瑞景河畔家园全民健身中心建设项目)等少数省份开展了政府与社会资本在体育产业领域的合作,参股渗股这一财政工具运用不足。通过调查发现,之所以参股渗股欠缺,体育产业的PPP项目建设不足,主要原因在于当前地方政府开展的政府与社会资本方合作的项目多为公益性项目,从上述江苏、浙江、河南、青海的案例就可以看出,大多为体育场馆、公园、全民健身中心等公益性的项目建设,PPP项目的盈利水平不高,影响投资回报率,加上项目投资回报期较长,使得体育产业市场主体与政府进行PPP项目合作的积极性不高,财政通过参股渗股促进体育产业发展较为乏力。

3.税收优惠政策较少且缺少针对性

当前我国体育产业税收优惠政策存在税收优惠较少、忽视体育服务业、税收优惠内容针对性不强等问题。

第一,与体育产业相关的税收优惠较少。目前体育产业的税收优惠,主要涉及增值税、所得税、房地产税、城镇土地使用税等,但是专门针对体育产业的较少。按照体育产业分类标准,在体育产业所涵盖的11类中,真正属于核心体育产业的税收优惠更多针对体育赛事,而且根据以往的税收优惠实例,都是一些临时性的针对大型赛事的税收优惠,随着赛事的结束优惠就终止了。例如:在2020年晋江第18届世界中学生运动会、三亚第6届亚洲沙滩运动会等体育赛事的举办中,对组委会的电视转播权销售分成收入、赞助计划分成收入、无形资产特许权收入、宣传推广费收入、销售门票收入等免征增值税。对比赛中直接使用的,国内不能生产或性能不能满足需要的消耗品免征关税、进口环节增值税、消费税。这些税收优惠政策伴随着比赛的结束而终止了。

第二,税收优惠对象忽视体育服务业。随着体育产业的发展,体育服务业的结构占比不断扩大是一种趋势。因此,对体育服务业的税收优惠政策的实施,是促进体育产业高质量发展的重点。除了自2016年1月1日起企业拥有并运营的体育场馆减半征收房产税和城镇土地使用税,以及2019年10月1日开始的"允许生活性服务业纳税人按照当期可抵扣进项税额加计15%"以外,再没有其他的体育服务业相关的优惠政策。体育服务业中的体育娱乐业、健身业、传媒业等大多为交叉性行业,对这些行业应实施怎样的税收优惠,缺少明确的规定。

第三,税收优惠内容针对性不强。在增值税、企业所得税、房产税、城镇土地使用税、车船使用税等方面,均对体育产业有所优惠,但是大多集中在体育竞赛举办、体育产品制造业等方面,对于新兴的体育创意、会展、休闲等产业上,税收优惠的政策并不明朗。在一些税种优惠享受过程中,体育企业门槛较多,审批流程比较烦琐。与加拿大、美国、日本等发达国家对体育场馆基础设施建设、大众参与、体育产品制造业和生产等方面的税收政策相比,我国更多是建立在税前的税基优惠基础上而实施的税收抵免、盈亏相抵、税收扣除、加速折旧等间接优惠。与直接优惠相比,税前的间接优惠政策更有利于体育产业的成长和壮大,但是税收优惠政策是建立在完善的财务制度基础上的,我国体育产业起步较晚,如何更广泛地将直接优惠和间接优惠相结合,成为需要探索的问题。税收优惠政策的实施,其目标是带动整个体育产业的发展,但是我国现有的税收优惠政策更多针对体育"事业",而对体育产业类的优惠力度远不及体育事业的优惠政策。

(四)财政对多元化体育投入的引导不足

1.体育产业财政投入带动效率不高

第一,体育产业财政投入与高质量发展相关性不足。笔者通过将体育产业财政投入作为解释变量,将地区生产总值、人口密度作为控制变量,将体育产业财政投入作为被解释变量,对体育产业财政投入对体育产业发展质量指数进行回归分析,发现体育产业弹性较小。体育产业的财政预算投入与体育产业高质量发展的相关系数小于人均地区生产总值与体育产业发展质量指数的相关系数,说明体育产业财政投入明显不足。

第二,通过调查发现全国体育产业规模效率高于纯技术效率。全国的体育产业财政投入技术效率低于规模效率。说明要提高体育产业的效率,一方面,体育产业财政支出需要较大程度地扩大支出规模;另一方面,目前全国的体育产业财政投入技术效率相对较低,投入结构应进一步改进和优化,提高技术效率。

2.体育产业财政资金对民间资本的撬动作用不强

第一,体育产业财政资金的投入结构不利于民间资本的引导。我国现有的体育产业财政资金大多投入公共体育场馆、竞技性体育赛事等领域,对体育企业的投入较少,没能够有效地刺激企业的投资需求。没有发挥出体育产业财政投入在体育产品和服务供给中降成本、调结构,拓展体育产品和服务的供给渠道,改进体育产品和服务的质量等方面的作用。

第二,体育产业财政资金在群众性体育和体育产业市场主体领域的带动不足,没有发挥出体育产业财政资金对市场主体建设的促进作用。如:为了推动体育场馆向群众开放,增强体育场馆对群众性体育发展的带动作用,国家体育总局2018年采取中央财政资金补助大型体育场馆的方式,对全国1277个大型体育场馆进行财政补助,要求这些体育场免费或者低收费面向全社会开放,每周开放时间不少于35小时,全年开放时间不少于330天。2019年,国家体育总局组织第三方专业机构对全国大型公共体育场馆免费或低收费开放工作进行了抽查评估,根据国家体育总局发布的

《关于在2019年开放工作中存在突出问题的通报》,河北(2个)、内蒙古(2个)、辽宁(1个)、吉林(2个)、黑龙江(5个)、江西(1个)、山东(4个)、湖南(1个)、广东(1个)、广西(5个)、海南(1个)、云南(3个)、贵州(2个)、甘肃(2个)、青海(3个)、新疆(1个)等省份的公共体育场馆享受政府财政补贴,却没有向居民完全开放。未向居民开放的主要存在的问题有:进行竞技体育训练,比赛使用,开放时间较短,收费标准过高等。又如:财政资金对规模在容纳5万人左右的体育馆,每年投入的运行资金在200万元左右,而这些资金仅占体育场馆常规运行费用的50%左右。发达国家为了解决公共体育场馆运营经费问题,通常采取广告冠名权、BOT、PPP等自主运营模式,提高效益,减少政府财政负担。但通过对江西省11个地市体育中心的大型体育场馆进行调查发现,事业单位自主经营的占28.6%;委托(托管)经营的占22.2%;租赁的占49.2%,只有28.6%是真正意义的自主经营。这些问题存在的原因是一些大型体育场馆尚没有树立起市场化的理念,对财政资金仍然存在着"等、靠、要"的思想,在政府资金的"兜底"作用下,体育场馆缺少自主经营的主动性。

第三,体育产业发展引导资金对中小企业扶持力度不够。现有的体育产业发展引导资金配置效率不高。目前我国公益性的体育项目大多为政府财政投资,而地方财政对体育产业的引导和支持主要通过体育产业发展引导资金来进行。体育产业发展引导资金的设立初衷在于发挥引导资金的杠杆作用,引导体育产业做大做强。调查发现,我国体育产业发展引导资金的使用效率不高。体育产业引导资金通常直接对大型体育制造业企业实行补贴,而忽视中小型体育企业。如:江苏省《关于组织申报2018年度省级体育产业发展专项资金项目的通知》将申报体育装备制造项目的企业要求确定为"注册资本500万元以上"。又如:在2019年南京市体育产业发展引导资金资助的7个项目中,有5个项目均为大型体育制造业项目(汤山华宁房车营地二期、江苏省体育产业基地、汽摩运动项目基地配套设施、运动防护材料研究中心、全自动智能羽毛球羽毛片检测生产线)。对于我国来说,从事体育产业的大多为中小企业,它们才是体育产业市场的重要力量。这些大型的体育制造业企业本身实力就很强,直接财政补助于大型企业的方式,无疑在一定程度上造成对中小企业的不公平。由于体育产业的"准公共产品属性",需要政府投入资金作为引导,撬动体育产业在公益性发展方面的投资。

（五）体育产业财政支出缺少监督和评价

1.体育产业财政支出缺少监督

第一，对体育产业财政资金安全缺少监督。当前一些地区对体育产业财政资金的安全性缺少监督，造成资金挪用的风险。主要表现为缺少严格的内部控制机制，造成体育产业财政支出的控制不严，没有发挥出预算的约束性作用。对上级的体育产业专项资金缺少审核把关，没有做到专款专用。在一些财政收入较少、自身造血能力不足的地区，由于缺少监督使得体育产业专项资金挪作他用。如：根据江西省审计厅2018年度省级预算执行和其他财政收支审计查出的问题，体育部门存在挤占、挪用体育彩票公益金、单位财经制度执行不到位的问题。根据广东省审计厅2019年对省体育部门预算执行和其他财政收支情况进行的审计结果，存在部分预算项目支出执行率偏低、专项资金信息缺少公开等问题。

第二，对体育产业财政资金使用缺少监督。作为为全社会提供公共服务和福利的体育公共财政，地方政府的使用随意性较强，具有较强的行政化色彩。具体表现为低端项目的重复化建设以及产业布局的不合理。一些地区在全民健身工程相关场馆建设中，对体育项目缺少可行性和必要性的研究，对体育项目所能够产生的社会效益缺少必要的评价，导致一些体育场馆、设施器材等项目建成后使用率并不高。如：根据《深圳市2018年度绩效审计工作报告》，深圳市的体育场馆利用效率不高，市体育中心、福田体育公园、大运中心、深圳湾体育中心等4个体育中心的游泳馆绩效审计中，2017年使用率最高的福田体育公园游泳馆平均入场22.67万人次。又如：漳州市体育局在对漳州体育场馆利用率开展调查中发现，华阳体育馆羽毛球场场地使用率仅为22.5%，远小于50%的国际平均水平。主要原因为项目建设前缺少必要的论证，对覆盖的人群特征没有深入分析。虽然该体育场白天收费标准是夜间的一半，但是仍然在大部分时间处于闲置状态。还有一些公益性的体育项目在建设中，由于考虑到用地和拆迁等成本，不是将项目建在城市的中心，而是建设在城郊或地价相比便宜的偏远地区，也影响了体育项目效益的发挥，群众性体育服务的覆盖面不广。

2.体育产业财政支出缺少绩效评价

第一，绩效评价目标缺少实效性。在竞技体育方面，体育产业财政支出的绩效目标比较好确定,通常可以奖牌的获得数量或者专业运动员培养输出的数量作为依据。然而在群众性体育开展方面,往往除了以参与群众体育的人数作为目标外,很难在其他方面再找到能够定量评价体育产业财政支出绩效的目标。因此在现实中,对群众性体育财政支出的评价通常也只能是以定性评价为主。

第二,绩效评价过程虚化。当前对体育产业财政支出的绩效评价属于一种典型的"事后评价","事中评价"处于空白,尚未形成完整的绩效评价体系。对体育产业财政支出的绩效评价重点在于预算执行情况。事后评价的特点决定了对体育产业财政支出的评价对预算执行的纠偏和预防的作用不足,仅是从资金合规、安全等角度进行评价,而对于体育产业财政支出领域的社会效益和经济效益没有形成完全的绩效评价体系。在评价主体方面,体育产业财政支出的绩效评价往往由财政部门牵头、体育部门配合,政府在绩效评价中既充当着"裁判员",又充当着"运动员"的角色,在一定程度上影响了绩效评价的客观性。

第三,绩效评价结果运用不足。长期以来,财政预算体制决定了我国体育产业财政支出实行的是增量式的财政预算,财政投入通常是呈现刚性增长的。对绩效评价的结果缺少运用,其评价成果并没有与下一年的财政支出相联系,使得绩效评价流于形式。目前,国外将财政支出绩效评价结果与资金安排相联系已成为一种惯例。例如:新西兰审计署将财政支出绩效评价结果上报至国会,将财政支出绩效评价结果作为下一年度财政拨款的参考;加拿大根据财政支出绩效评价结果,实行竞争性财政预算资源分配,以绩效评价得分的5%作为阈值,将不符合要求的部门进行缩减财政支出,以此来增强财政资金的使用绩效水平。国外的相关做法对我国具有较强的借鉴意义。

四、完善体育产业财政政策的建议

体育产业的高质量发展,就是要用新的发展理念推动发展,推动经济由规模化发展向内涵式发展转变。财政政策促进体育产业高质量发展应立足于强化体育产业财政要素保障,激发市场活力和消费热情,进一步扩大体育产业财政投入规模,调整优化体育产业财政投入结构,以效益为导向加强多元化的财政政策工具使用,提高财政资金的使用效率,推进体育公共财政政策的监督。我国应全面推动体育产业转变发展方式,推动质量变革、效率变革、动力变革,使体育产业发展的成果更好惠及人民群众。

(一)优化体育产业财政投入结构

1.压缩体育行政管理和机关运行费用

从美国、日本、英国的体育支出结构看,行政管理和机关运行的费用均在体育支出总额的5%以下,而我国2019年体育行政管理和机关运行费用占比达到了8.52%。因此,应进一步压缩体育行政管理和机关运行费用,加强行政管理和机关运行费用的预算约束,改进以往体育行政单位实行的"增量式"财政预算,使财政拨款在能够保证机关运行的基础上,将更多的资金投入群众性体育、体育交流合作等其他领域。针对当前存在的体育行政机关对行政运行经费把关不严、开源节流不到位、资金使用不规范等问题,应加强体育行政机关财务信息公开力度,将资金管理和使用信息透明化,科学编制预算。特别是要加大体育行政机关"三公经费"管理力度,推动体育行政机关的财务信息公开,广泛接受社会监督。禁止将上级财政专项拨款作为办公经费和用作其他支出。

2.加大对群众性体育领域财政投入力度

从DEA对纯技术效率的分析结果可以看出,我国体育产业财政投入尚未达到"技术最优",仍然有较大的效率改进空间。根据Tobit分析结果,公共体育场馆开放率、国民体质测定标准合格率、社会体育指导员人数占体育从业人员比重等变量均对体育产业财政投入的综合效率有正向促进作用,说明加大对群众性体育领域财政投入力度,提高群众性体育发展水平具有重要意义。针对竞技体育的投入较多,而群众性体育投入不足的问题,应借鉴美国、英国、日本、澳大利亚等国家经验,将群众性体育作为财政支出的重要投向,进一步加强对从事公益领域的体育企业的财政补贴力度。如:英国为了发展群众性体育,由专门负责社区体育发展的英格兰体育协会设立每年不少于3亿英镑的社区体育专项资金,用于支持群众性社区体育活动。资金投向主要为群众性场馆设施规划和管理、体育政策治理、志愿者资源统筹、指导员培养等。所有的企业、个人、其他社会组织都可以申请社区体育专项资金。

根据公共产品理论,体育产业的产品属性取决于受益对象和营利性,体育产业所提供的产品包括体育公共产品、私人产品,具有复合型的属性,体育公共产品是公共产品的重要内容,旨在满足公民的体育需求所提供的产品和服务。群众性体育是体育产品准公共产品属性的体现,财政政策促进体育产业的高质量发展,就是要通过财政政策的支持来实现。群众性体育领域的资金投入,有助于降低群众消费成本,提高体育准公共产品的供给水平。群众性体育也是体育产业正外部性的体现,财政政策在群众性体育的投入,有助于提高全民身体健康水平。因此,应全面增加对社会民间资本参与群众性体育、大众健身、公共体育场地设施建设、体育科学研究、体育对外交流、赛事举办等领域的财政资金支持力度。通过基本体育公共设施的投入,满足群众运动健身的需要,同时也引导和激发体育消费的市场需求。

3.增加体育产业财政投入服务业的比重

随着体育产业的发展,推动体育制造业向体育服务业结构调整是体育产业高质量发展的主题。应进一步通过优化财政支出结构,使财政支出结构服务于体育产业结构调整,应进一步加大财政预算投入"体育管理活动、体育竞赛表演活动、体育健身休闲活动、体育场地和设施管理、体育经纪与代理、广告与会展、表演与设计服务、体育教育与培训、体育传媒与信息服务、体育用品及相关销售、出租和贸易代理"等领域的投资力度,提高服务业在体育产业中的产出规模和增加值占比。

产业引导资金应聚焦服务业和产业基地,改进当前存在的体育产业发展引导资金过于倾向体育制造业的做法,利用产业引导资金投向体育服务业。利用产业引导资金支持体育服务业综合体和创新试验区建设,激发体育服务业市场主体活力,优化体育服务业投资环境。探索利用体育产业发展引导资金建立"运动银行"和"体育消费券",提高体育服务消费水平。

大力培育健身休闲、竞赛表演、场馆服务、体育经纪、体育培训等服务业态,创新商业模式,延伸产业链条。通过体育产业财政投入,大力推进"体医融合、体旅融合、体教融合"。完善国民体质监测指标体系,将相关指标纳入居民健康体检推荐范围。为不同人群提供有针对性的运动健身方案或运动指导服务,推广科学健身,提升健身效果。探索将体育旅游纳入旅游度假区等国家和行业标准。在体育产业财政资金的引导下,实施体育旅游精品示范工程,打造一批有影响力的体育旅游精品线路、精品赛事和示范基地。通过财政补贴或者政府购买服务的方式,鼓励和引导将体育基地、运动营地等纳入青少年研学基地。完善以群众性体育为基础和核心的竞技体育人才选拔机制。

(二)以效益为导向多样化运用财政政策工具

1.增强体育产业发展引导资金的扶持力度

应扩大体育产业发展引导资金规模。根据体育产业发展质量指数与体育产业财政投入的关系的结果,人口密度每增加1个单位,使得体育产业发展质量指数增加0.125个单位。说明人口规模(人口密度)较大的省份大多处于东部地区,政府的财力较为雄厚,有拿出资金支持体育产业发展的能力。相应的体育配套设施、产业发展环境也较为完善,推动了体育产业的健康发展。针对我国的中、西部省份地方政府在体育产业投入中的财力不足问题,应进一步扩大体育产业发展引导资金规模,增强体育产业财政资金对企业的扶持力度。

根据外部性理论,由于具有正外部性的产品并不是企业所追求的最终目标,只有经济利益才是企业经营的目的,因此具有正外部性的产品在没有外部补贴的情况下,往往市场供给不足。当具有正外部性的产品社会收益低于企业私人收益时,其产品的供给量就会受到影响。因此,在产业引导资金使用中,通过政府购买群众性体育公共服务的方式,把权利让渡给其他供给主体,以提高体育服务供给的效率和质量。可以省(自治区、直辖市)为单位制定政府购买公共体育服务目录和标准,通过财政购买服务的方式,解决在体育产业领域"政府无法做"或"政府做不好"的事情。借鉴南昌和西宁在羽毛球、乒乓球、篮球、棋类、体育舞蹈、马拉松等比赛活动举办中,采取政府购买公共体育服务项目的成功经验,既推动了企业参与公共体育服务建设,又增加了体育公共产品的供给,提高了体育产业的整体服务质量。

2.灵活使用参股渗股财政政策工具

第一,通过参股渗股财政政策工具的运用缓解财政支出压力。随着人民生活水平的提高,除了对体育场地建设的需求不断增加外,对体育服务、体育活动的需求也不断增加。而作为地方政府,由于财力有限,特别是人口基数较大的省份,政府的基本民生保障支出压力较大。在这种情况下,通过一些项目和服务由政府购买、实行公私合作的模式,将在一定程度上缓解财政支出的压力,同时也能够为群众日益强烈的体育服务需求提供保障。特别是在一些体育场馆设施、体育健身路径、健身绿道、马拉松体育赛事等投资较大、投资回收期较长的领域通过公私合作模式,不仅可以减小政府的财政支出压力,降低了运行成本,还提高了体育公共服务供给质量。PPP模式下应该处理好经营主体的商业利润追逐和为人们提供免费或低收费服务价值取向之间的关系,鼓励经营主体尽量从挖掘体育场馆设施的无形资产价值的角度创造收益,在政府和企业"双赢"下促进体育产业高质量发展。

第二,提高社会资本与政府合作的积极性。加强PPP项目谋划储备,结合区域体育产业发展重点,加强PPP项目库建设,采取"政府主导、企业运作、合作共赢"的PPP市场化运作模式,根据收益水平设置好参与合作的企业的投资收益权和经营权,提高企业参与PPP项目的积极性。落实项目建设业主,地方政府应配合项目业主,推动PPP项目完善立项、规划、土地、环评、稳评等前期要件,加强物有所值评价,通过构建合作式、伙伴式、特许经营等模式的PPP模式,形成风险共担、利益共享的体育产业财政扶持格局。在体育产业高质量发展领域实行"国有企业+民营企业""政府+民营企业"的PPP模式,使得国有资本和民营资本通过合作的方式共同助力体育产业高质量发展。通过合作创造体育产业高质量发展新的增长点,建立利益衔接、共享、补偿机制,使各方主体均能够有所收益。

第三,利用财政补奖促进体育、文化、旅游产业融合发展。利用财政资金的引导作用,推动体育和文化旅游产业的深度融合,培育新型旅游业态,加强特色体育文化旅游品牌建设,打造文化旅游体育产业集群。例如:陕西省铜川市在利用财政补奖促进体育、文化、旅游产业融合发展的步伐较快,陕西省铜川市于2020年出台了《加快文化旅游体育产业融合发展奖补办法》,财政资金重点支持体育旅游景区建设、体育旅游和乡村旅游融合发展、体育文化示范园建设、旅行社体育旅游项目开展等。对新成立的符合文化旅游体育整合发展的小微企业,在其成立的前三年采取先收的方式,按其地方财政贡献的50%给予奖励。陕西省铜川市的做法对于其他省市具有较强的借鉴意义。

(三)优化税收优惠政策

第一,扩大体育产业税收优惠的覆盖范围。出台专门针对体育场馆、体育企业、体育非营利组织、体育消费等体育产业发展各领域的税收优惠政策。许多国家已经认识到了体育的大众性,非常注重发挥大众参与体育产业发展的积极性。从国外来看,美国的体育场馆建设者除了以政府为主体外,社会资本和广大企业家也是体育场馆的主要建设者。为了激励更多的投资者对体育场馆基础设施建设进行投资,美国给予建设者税收优惠,利用税收的杠杆作用,实现体育场馆建设规模的扩大。在加拿大,其体育产业的发展受益于群众力量的发挥,加拿大对所有的冰球场、篮球场、足球场等体育场所建设实行免税政策。日本对从事体育行业的小微企业,其建设体育场馆和设施减免土地税,并在其体育设施建设完成后,对向公众开放的场馆和设施实施免税政策。为了加快体育产品生产企业和高新技术产业的发展,一些国家在税收方面也进行了相应的减免。通过税收激励政策,日本的体育产业规模和贡献率不断提高,2018年,日本的体育产业产值达到800亿美元。对从事体育项目的非营利组织,要求其法人仅按其总收入的80%和22%的优惠税率进行征税。非营利法人的税基仅为800万日元,对公益性法人的会员费和支撑公益性法人运营的其他费用给予税收减免。

第二,加强体育企业税收政策的扶持。通过提高体育企业税收优惠力度,从而对企业的投资、融资行为产生影响,对体育小微企业的投融资进行引导,鼓励体育小微企业投融资行为,增加体育产业的有效供给。如:俄罗斯为了促进体育产业发展,对体育用品制造企业实行免税和低税收政策,并对体育用品捐赠者和赞助者实行免征关税。我国在税收政策制定的过程中,更应加大货物与劳务税的支持力度,除了在所得税方面给予企业支持外,还应探索在增值税等其他税种方面给予体育企业更多税收优惠政策支持。同时我国也应在现有体育场馆(房产、土地使用税优惠)、体育企业税收优惠(增值税、所得税优惠)的基础上,对符合税收优惠条件的从事体育服务的非营利组织给予税收优惠,并探索出台专门针对体育非营利组织的税收优惠政策。从鼓励产业发展的角度出发,构建税收政策架构,积极通过减计应纳税所得额和加大所得税税前扣除项目等形式,增加企业所得税相关优惠的落实。

第三,灵活运用税收优惠政策,提高企业参与体育产业投资的热情。充分利用税收抵免、税收扣除、加速折旧等税收优惠手段,发挥税收优惠对企业的事前引导作用,推进体育税收及优惠政策的多样化,通过小微企业的高质量发展,促进整个体育产业的高质量发展。

在税收抵免方面,美国在税制改革中降低了体育产业风险投资的税率,体育企业的资本收益税从49.5%降至20%,并且规定体育产业风险投资额的60%免于征税、40%减半征收,极大地促进了体育产业风险投资的发展。根据美国国税局发布的《2017年关于研发税收抵免申请表及相关的指导说明》,给予体育装备制造业的企业研发方面税收抵免。

在税收扣除方面,加拿大体育产业除了在宏观上的企业所得税、个人所得税等享有税收优惠外,其税收优惠政策还渗入微观层面。如:根据加拿大的《税法》,在一个家庭中,如果有一个家庭成员参与了体育俱乐部,则可以给予家庭中任意一个成员的个人所得税优惠。日本制定了体育高新技术产业的税收优惠政策,对生产或者购置新体育运动材料的项目、高技术研究经费,进行高新技术研究的设施、建筑物等减免全部税金。对创业初期投资转让损失允许在三年内结转,对高新技术企业,可在法人税或所得税中扣除高新技术研发费用总额的6%。

在加速折旧方面,美国允许从事体育产业的企业从其应纳税所得额中,对低于一定额度的新投资允许一次性折旧,当投资额超过一定的阈值时,折旧额也不断地减少。对从事体育装备制造业的企业,规定其设备可以享受加速折旧政策。

上述国家在税收抵免、税收扣除、加速折旧等方面通过多样化税收优惠政策,激发了体育企业投资的积极性,促进了体育产业的全民参与,在体育产业税收方面值得我国所借鉴。

(四)增强对多元化体育产业投入的引导力度

1.提高财政投入的带动效率

我国政府应发挥财政资金在加快体育产业结构优化升级中的作用,通过财政预算安排专门用于资助、补贴体育产业政策性支持的企业或项目的专项资金。政府设立体育产业发展引导资金的作用就是发挥其对产业的带动功能,体育产业发展引导资金的投向重点应建立在科学合理的产业布局和对体育产业内部产业间的差异进行细分的基础上。发挥体育产业财政投入的乘数效应,使得体育产业财政投入能够在体育企业发展壮大、社会资本投资方面发挥好组织和带动作用。利用财政预算资金,扩大体育产品和服务供给,支持和带动各地的体育企业服务平台建设,支持体育组织发展,参与承办群众性体育活动。挖掘体育产业财政投入的连锁反应和积极作用,增加体育产业的有效投资,通过体育财政支出总量的调节来影响总需求,培育体育产业的消费热点。如:南京市和南昌市通过发放消费券的形式鼓励引导体育消费,通过体育消费券的发放,增强了群众的体育消费动力、提高了消费水平,使更多的人有机会、有条件参与体育锻炼和健身活动,有助于形成有效的体育消费需求。同时,体育消费水平的提升,也有助于推动体育产品的供给企业不断优化体育产品和项目,改善体育服务,提高综合体育健身服务能力。南京市和南昌市利用发放消费券提振体育消费的成功经验,值得全国其他省市借鉴。

2.发挥财政资金对民间资本的撬动作用

应全面加强财政资金对体育服务业固定资产投资的引导作用,进一步提高体育产品和服务的供给水平。对于我国来说,从事体育产业的大多为中小企业,他们是体育产业的市场的重要力量,产业引导资金应更倾向于此类企业,我国体育产业发展引导资金可借鉴美国的"美国体育中小企业投资公司计划"、以色列政府"YOZMA体育投资引导基金"等运作方式,不局限于体育产业规模化的扩张和集群的发展,而是从中小企业的生存和高质量发展出发,建立产业基金,解决中小企业的资金需求。我国应充分认识到财政的资金投入对于体育产业高质量发展的重要意义,以及财政资金对于民间资本参与体育产业投资的"撬动作用"。逐年加大财政资金在体育产业高质量发展领域的投入的同时,更加注重体育产业财政资金投入对于体育产业自身投资的拉动作用。应做到对体育产业高质量发展的常态化投入,解决体育产业高质量发展园区、基地、中小体育服务业企业建设中的资金短缺问题,缓解当前体育产业高质量发展中存在的"支出大、短板多、能力弱、资金短缺"的困境。应通过财政资金的投入引导作用,大力激发企业在体育产业高质量发展投入中的积极性,使得体育产业企业发展壮大,树立市场化的观念,充分发挥企业在体育产业高质量发展投入中的自主性。同时,省一级政府还可通过设立"天使投资、创业投资"等方式,给予中小企业资金补贴。并通过产权质押、股权众筹、资源资本化入股、租赁、众创、众包、众扶等方式,推进体育小微企业的创新发展。

(五)加强体育产业财政支出的监督和评价

1.加强财政资金使用的监督

西方发达国家对政府的财政支出具有严格的监督机制,通过内部审计与外部审计相结合,事前、事中、事后一体化的监督体系构建,形成对财政资金的有力监管体系。西方发达国家严格执行财政预算编制和执行,其体育产业财政预算的透明度较高,预算编制细化。财政部门和审计部门职责明晰,配合密切,财政部门对体育产业财政的预算执行进行日常监督检查,审计部门履行全过程监督职能。同时,国外的体育部门内部也有相应的监督和检查机制,引入第三方中介机构对体育组织的财政资金使用情况进行检查。例如:美国通过审计总署(GAO)、管理和预算办公室(OMB)、计划执行部门,依据《政府绩效与成果法案》(GPRA)对体育产业财政资金的使用成效进行监督,要求每个接受过财政政策惠及的项目必须形成《资金使用情况报告》,重点对体育产业财政资金的经济效益和社会效益进行评价和监管。相对于发达国家完善的体育公共财政支出审计和监督机制,我国体育公共财政支出缺少必要的绩效评价和监督。

因此,我国应全力加强对财政资金使用情况的监督,充分发挥立法机构、审计、社会公众、社会第三方中介组织的力量,参与体育公共财政支出的监督。应加强对体育公共财政支出监督的立法,推进财政支出项目预算和决算的审计,将社会公众作为利益相关者,接受社会公众对体育行政部门服务绩效水平的监督。对体育公共财政支出的必要性、可行性、合理性进行充分的监督。坚持"谁使用谁分配、谁管理谁公开"的原则,对资金使用情况进行充分的信息披露,加强对体育彩票公益金项目的专项检查,对体育彩票发行费和公益金的筹集、分配、收缴、使用等进行精细化的监督管控。建立体育产业财政资金的信息公开制度,向所有市场主体进行公示,使得资金使用做到公平、公正。发挥人大对体育产业财政支出的预算审查监督机制,对财政支出的总量与结构、体育行政机关部门预算、体育产业财政转移支付进行全面的监管和审查,充分听取体育产业财政支出项目受益群体的意见,广泛开展调查研究,开展预算专题审议,提高财政资金使用监督效果。

2.加强体育产业财政支出的绩效评价

第一,应加强体育产业财政支出的事前评价。增强绩效评价目标的实效性,在绩效目标设定时,应尽可能地量化、细化评价指标。构建体育产业财政绩效评价指标体系,实行定量与定性评价相结合。以绩效指标为导向,对体育产业财政支出的预期产出、预期效果、服务对象覆盖范围、带动能力进行合理设置,建立提高体育产业发展引导资金使用效率的制度保障机制,在项目选择上构建公开遴选申报机制,重点对使用资金企业的成长性和项目前景开展全面的评价,提高财政资金的使用效果。

第二,加强体育产业财政支出的事中评价。积极组织体育财政支出项目的事中绩效评价,以财务报表、记录、凭证为依托,在确保体育财政资金安全、合规的前提下,合理运用成本效益分析、比较分析、因素分析、公众评判等,对项目建设进度、建设质量进行动态性绩效评价,对项目建设过程进行全面的掌控,使财政资金发挥应有的社会效益和经济效益。

第三,加强体育产业财政支出的事后评价。在项目建成后,对其社会效益和经济效益进行综合评价,从投入指标、过程指标、项目产出和项目效果指标对项目支出情况进行绩效评分,加大财政扶持项目问责的力度,明确问责范围和问责程序。推进评价结果的运用,形成对体育公共财政支出的激励与约束,提高公益性体育项目的经济效益和社会效益。加强绩效评价结果的应用,对无法达到预期目标的体育产业财政支出项目由财政部门和审计部门对其进行通报批评和责令整改。建立体育产业财政支出的"红黑名单"制度,对于绩效完成情况欠佳、资金带动能力较差的地区和部门,在资金安排中给予缩减,对绩效完成情况较好的地区和部门,在资金安排中给予倾斜。

第二节 外部资源对体育小微企业系统的影响

一、外部资源对体育小微企业系统影响的作用机理分析

(一)经济发展

休闲体育小微企业生态系统作为社会经济系统的一部分,经济发展因

素是重要的影响因素,表现在四个方面,一是国民经济发展,二是市场需求,三是城市化水平,四是对外开放程度。在经济发展水平状态良好,经济规模总量丰富的宏观环境下,休闲体育小微企业不断寻求投资和融资的机会,扩大发展规模,加快发展速度,降低不必要的生产成本,实现资本增值,从而促进系统规模效率的提高。

市场需求能够促进消费,是休闲体育小微企业生态系统发展的根本动力。在经济发展水平提高、社会文明进程加快的背景下,消费者对生活质量要求提高,形成新的消费和生活方式,不仅强调休闲体育强身健体的功效,更追求休闲、舒适的生活状态。市场需求对休闲体育小微企业生态系统效率的影响表现为两方面:消费者可支配收入和消费者余暇时间。消费者的可支配收入和余暇时间增加,会产生大量的市场需求,根据市场需求拉动理论,休闲体育供给方为满足需求会扩大生产规模,提高生产技术,而技术的提高又进一步了促进市场需求的增加,形成良性循环。此外,国民经济的发展为消费者提供了更加多样化的休闲体育产品,满足了不同人群的多样化需求,并进一步刺激了市场消费。

休闲体育小微企业发展依托于城市化发展环境,其内容和形式都与城市化文明紧密相关,是城市化生活方式不可或缺的组成部分。首先,城市化水平的提高,促进了产业结构调整、人口转化、文化交流,为休闲体育产业提供了发展空间和机遇;其次,城市良好的发展环境拥有人口、技术、设施等优势,能够进一步吸引企业和消费者,形成集聚优势,降低能源消耗,影响配置效率和生态效率。因此,城市化水平提高能够从宏观环境上促进休闲体育小微企业生态系统的发展。

此外,对外开放程度较高的地区有利于休闲体育制造业的发展,该地区的产品有多重途径销往国外,可扩大外部产品市场,增加出口创汇,为休闲体育制造企业提供良好的经济环境,提高系统规模效率。同时,对外开放程度高的地区能够快速引进外部资金、先进技术和管理经验,从而有效提高休闲体育小微企业生态系统的技术效率。

(二)政府行为

政府行为在休闲体育小微企业生态系统的发展中起举足轻重的作用,是外部支撑因素,主要对系统配置效率产生影响。从发展现状来看,体育小微企业对政策环境有较高的依赖性,可以说休闲体育小微企业发展过程中,政府一直起扶持作用。一方面,政府通过制定产业政策影响休闲体育小微企业发展的整体方向和性质,正确的产业政策对休闲体育小微企业的结构合理化和健康发展具有积极的现实意义[①]。另一方面,政府通过法律手段、财政手段、行政手段三种方式,对特定项目在特定地区的发展起干预作用。法律手段即制定法律法规,规范和调整市场秩序,促进产业生态系统内企业良性发展,避免不良竞争,但是若法律制度与实际情况有所矛盾,反而会起制约作用;经济手段即采取税收优惠政策、专项资金支持,拓宽投融资渠道,鼓励各类金融机构增加对中小微企业的信贷品种,设立投资基金,政府的财政支持能够有效吸引社会资金进入休闲体育小微企业生态系统,增加系统动力和活力,提高规模效率;行政手段即政府制定休闲体育产业标准、认证休闲体育服务质量、监管休闲体育市场秩序。对粗放型生产、资源消耗大、造成严重环境污染的企业实行清退制度;对集约型发展、资源消耗小、具有创新意识和能力的企业,适度划拨资源,提供资金及技术支持。适当放松行政管制,降低市场准入门槛,促进休闲体育小微企业市场化。因此,政府通过制定产业政策,完善法律法规,给予体育小微企业财政支持,规范产业标准影响休闲体育产业的供给、需求和投资结构,从而对产业生态系统规模效率、配置效率、生态效率、技术效率产生影响。

当然,政府行为对休闲体育小微企业的影响并不总是积极的,政府的过度干预、严格的调控机制会影响到市场机制的运行,降低了资源的配置效率。政府盲目地给予没有休闲体育产业基础和文化的地区政策优惠,会造成资源的极大浪费。所以,正确的政府行为才可以为休闲体育产业的发展指明道路,保障其健康可持续发展。

(三)生态环境

生态环境是休闲体育小微企业形成和发展的基础因素和先决条件,包括自然资源禀赋、气候环境、区位条件。自然资源禀赋是指区域内在一定条件下能够为休闲体育产业发展所需要,能够产生经济利益的自然因素和条件。东北地区的滑雪场、西北地区的草原、沿海地区的海域均为区域内

[①] 林立."互联网+"时代促进居民体育消费策略探讨[J].边疆经济与文化,2022(04):41-44.

的自然资源禀赋,拥有天然的资源配置优势,为休闲体育活动的开展提供了重要的物质载体,且有利于形成规模优势。气候环境是指以气候要素为代表的自然环境,包括地质地貌、水文土壤等方面。气候环境对休闲体育活动的形式和内容产生重要影响,如滑翔伞、登山、冲浪等休闲体育活动直接受气候环境的影响,而一般的休闲体育活动除了受到气候地质等影响外,还同样影响消费者的情绪、行为和健康。区位条件主要表现为地理位置、交通条件、资源分配等方面。对休闲体育小微企业而言,区位条件优越的地区能够及时进行资金流、物质流、信息流、人才流的沟通,从而有利于休闲体育小微企业集聚和发展,提高技术和规模效率。

拥有自然资源禀赋、气候环境舒适、区位条件优越的地区一方面有利于休闲体育小微企业的形成和发展,另一方面能够形成比较优势,以资源为优势吸引企业进入,扩大产业规模,提高知名度,吸引消费者,扩大市场需求,从而提高系统技术效率,同时伴随能源投放成本的减少,有利于生态效率的提高。相反,休闲体育资源存量少的地区很难参与相关细分市场的竞争,即使在科技进步的条件下,可以依靠人工创造所需环境,但其高成本直接影响到系统效率的提升。

二、外部资源促进体育小微企业系统效率提升路径建议

(一)适度政策支持,实现政府与市场协同发力

自我国休闲体育小微企业出现以来,政府在配置休闲体育设施、安排休闲体育活动、承担公共服务责任方面就发挥着无法替代的作用,休闲体育小微企业生态系统发展的任何阶段都离不开政府政策的支持。产业政策因素对我国华北、西北地区的系统效率提升起显著负相关作用,而企业规模因素对这两个地区起显著正向影响,说明休闲体育小微企业生态系统需要政府合理适度的政策引领与扶持,同时要让市场在休闲体育小微企业生态系统的资源配置中发挥基础性作用。具体包括以下两点。

第一,制定政策进行宏观引导,对相关政策法规的实施进行监督,结合各地区休闲体育小微企业生态系统的发展现状,因地制宜地落实产业政策,消除体制机制障碍,保证系统发展的协调性。同时,政策制定依据可持续发展理念,从纲领上引导休闲体育的生态系统走高品质、规范化、内涵式道路,强化休闲体育小微企业各方面的标准化程度,坚持休闲体育产

品的高品质、高标准生产,保障休闲体育消费服务的质量和安全。

第二,充分发挥企业、行业协会、体育社会组织、公益性健身俱乐部等社会力量,促进休闲体育小微企业生态系统形成市场化、社会化运作模式。实现产业生态系统内产权的多样化,增加非国有企业的市场份额,为中小型休闲体育小微企业营造良好的发展空间。要建立现代企业制度,形成科学的法人治理结构和经营管理模式,创新企业发展机制,实现资金、技术、人力等的合理运作,提升企业社会责任感,降低能耗,形成一批有国际竞争力的休闲体育企业集团。

(二)明确区域产业发展重点,实现非均衡协调发展策略

整体来看,我国各区域休闲体育小微企业的资源禀赋不同,发展优势各异。要实现区域休闲体育小微企业生态系统的有效发展,首先要明确发展重点,抓主要矛盾,实现非均衡协调发展模式。在保持相对平衡和协调的基础上,将资金、技术、资源等比较集中地投入优势明显的地区,促进其承担带头发展作用。从各区域休闲体育生态系统效率值测度和分析来看,我国休闲体育小微企业生态系统采取非均衡协调发展策略不仅是合适的,而且是最佳的。

第一,从全国空间范围上来看,优先发展休闲体育小微企业生态系统效率值较高的华东地区、西南地区,然后逐步向效率值较低的地区进行梯度转移,有利于具有效率优势地区实现效率提升所需生产因素的集聚,刺激极化效应的提高,进一步增强扩散效应,带动华北、东北等地区的发展。同时,实施非均衡协调发展策略要注重区域间的协调发展。我国华北地区、东北地区的效率值水平虽然没有西南地区高,但有着明显的资源禀赋优势,市场广阔,有很大的提升空间。

第二,从休闲体育小微企业生态系统内部来看,也要实现非均衡协调发展模式,不同区域内的休闲体育小微企业发展水平是不同的,华东地区优先发展休闲体育服务业能够更好地带动该地区休闲体育小微企业生态系统的发展,而对于西南地区而言,休闲体育制造业的发展更具优势。因此,实现休闲体育小微企业生态系统内部的非均衡协调发展,实现产业间的协调与互补,能够促进效率值的有效提升。

(三)优化升级产业结构,发挥集聚优势

产业结构和区位熵实证结果显示,我国各地区适宜发展的休闲体育小微企业并不相同,从发展现状来看,我国的休闲体育资源存在明显的区域差异性,休闲体育主体产业和休闲体育基础产业自发地集聚于某一区域,形成区域产业结构。因此,在休闲体育小微企业生态系统发展的过程中,应根据各地区的资源禀赋、经济发展状况、历史文化,针对性地进行休闲体育小微企业转向开发,形成区域专业性。例如,我国东北地区冰雪资源丰富,加之冰雪运动独特的魅力和大众对冬季休闲体育运动的需求,东北地区冰雪运动发展得如火如荼。东北地区形成了冰雪运动服装业、冰雪运动技能培训服务、冰雪景观观光产业等产业链条,在东北地区形成了独特的业态体系。再如,西北地区,沙漠和草原资源丰富,形成了独特的沙漠和草原休闲体育小微企业形态。而在沿海开放地区的广东、福建、江苏、浙江、上海,体育用品产业集群的集中度超过了85%。其次,各地区休闲体育小微企业生态系统要借助集聚优势,深化内部分工,延长产业链,有效进行资金、人才、技术的沟通,提高产业区域专业化,同时借助旅游业、文化业、互联网企业等的发展优势,融合汇通,互相协调,以实现休闲体育小微企业生态系统的高效率、高质量发展。

(四)降低能耗,发挥生态环境优势

我国休闲体育小微企业生态系统能够实现环境友好型发展,即减少环境污染,降低资源能耗,因此,我国应发挥生态环境优势,采取如下具体措施。第一,刚柔并济加强环境管制,出台严格的法规政策,通过收取碳税、能源税等手段,提高污染成本,以减少工业生产废水废气等的排放;同时,建设排污权交易、环境补贴制度,实现节能减排机制的市场化运作。第二,鼓励发展节能环保型技术,借助技术手段提高资源利用率,减少污染物排放,降低能耗,同时加强休闲体育小微企业与高校、科研机构等的有效沟通,提高科研成果转化率。第三,加强宣传教育,提高企业管理者和消费者的环保意识。休闲体育小微企业实现绿色生产,消费者实现绿色体验,从主观角度促进休闲体育小微企业生态系统的可持续发展。

第三节 信息对体育小微企业系统的影响

一、我国互联网金融发展现状

（一）P2P网络借贷模式

P2P网络借贷是指借贷双方不通过传统的第三方中介机构，而直接通过网络平台实现信用贷款交易的借贷方式。

总体来看，我国P2P网络借贷增长速度较快，融资期限稳步增长，对社会融资存在显著影响，但行业发展不规范，问题平台积累数量较大，潜在风险较大，对监管的反应较为敏感，一旦监管趋紧行业风险就会集中暴露，例如2017年6月底央行等17个部门联合出台《关于进一步做好互联网金融风险专项整治清理整顿工作的通知》，从这一时期开始，P2P网络借贷平台倒闭事件频发，行业发展受到较大影响。

（二）众筹模式

众筹是指投资者出于对某一项目或产品市场前景和预期收益的判断，投入一定资金，众筹项目成功后获得约定回报的筹资方式。众筹可以充分聚集社会闲置资金，具有"筹资与筹智"双重优势。

众筹行业在快速增长的同时也滋生了较多问题，行业处于调整洗牌阶段。主要有两方面原因：一是众筹涉及的范围有限，在资源和规模上相比其他互联网金融平台实力较弱，并且众筹不能按需及时调整众筹决策；二是和许多行业类似，众筹在发展初期一味追求发展速度，忽视发展质量，导致产权界定不清、众筹标的缺乏市场吸引力、法律法规监管不明等问题，在此影响下，行业风险加大，监管趋于严格，不合规、不合法、风险高的众筹平台纷纷退出市场。

（三）第三方支付模式

第三方支付是指交易双方通过互联网平台进行资金支付的方式。第三方支付较前两类互联网金融模式起步相对较早，发展较为成熟。

虽然我国第三方移动支付行业格局已经基本确立，但行业集中度较高，规模小、实力弱的第三方移动支付平台市场份额较小，竞争空间有限。

二、我国互联网金融支持体育产业发展现状

（一）前景光明

受多种利好因素影响，我国体育产业发展潜力较大，各类资本纷纷进军体育产业，如2014年9月，阿里巴巴集团成立阿里体育全面进军体育行业，光大体育基金2015年20亿布局体育旅游和体育主题公园，万达集团在国际体育行业更是动作频频，全方位布局体育产业。互联网金融也不例外，麦麦提金融入股宁夏贺兰山足球俱乐部，苏宁金融、华奥众筹等相继推出体育类众筹产品，甜菜金融携手虎扑体育等。未来我国体育产业市场发展空间巨大，互联网金融的包容性、普惠性、创新性、高效性决定了其为体育产业提供金融支持方面会发挥重要作用。此外，互联网、大数据、人工智能等技术创新发展都会进一步助力互联网金融支持体育产业发展。

互联网金融作为对传统金融的有益补充，可以发挥自身优势，优化体育产业的外部金融环境，在一定程度上为体育产业提供有效的金融支持。同时还可发挥需求分析、市场推广等多方面协同带动作用，支持体育产业发展。未来"互联网+金融+体育"的深度融合会迎来新的发展机遇，最终实现有关各方的互利共赢。

（二）优势明显

相比于传统金融，互联网金融在支持体育产业方面具有较强的优势，在一定程度上可以缓解体育产业发展过程中所面临的诸如缺乏资金支持、营销方式落后、内部结构不合理、对周边产业拉动效应低等问题。以"苏宁金融"为例，其支持体育产业发展的三种主要模式：信贷融资、众筹、第三方支付支持模式有效地发挥技术优势、信息优势、成本优势、平台优势等支持体育产业发展。信贷融资支持模式通过整合体育产业企业日常经营的应收票据、应收账款等形成较为稳定的基础资产池，其信用评价系统根据企业提供的信息和信贷系统中的历史交易数据，通过信用模型对企业信用进行评价，并结合资产池实时余额作为综合授信依据，动态调整对企业的授信额度，企业可直接在线申请授信额度以内的融资额。这种融资方式有效解决了体育产业企业融资过程中缺乏必要抵押物的难题，缓解了融资双方的信息不对称问题，通过模式创新在一定程度上有助于解决体育产业企业融资难问题。众筹支持模式以体育类创新项目为众筹标的，在筹资

的同时有助于了解市场需求和产品的市场推广。第三方支付支持模式专门针对体育消费场景提供专业高效的消费支持和消费优惠,有利于体育产品和服务的市场推广,增强用户黏性。在涉足体育产业的各类互联网金融平台中,规模较大的互联网金融平台上述支持模式基本都有涉及,规模较小的互联网金融平台在支持体育产业发展的具体单一模式上同样借助各类技术优势开展业务创新,支持体育发展。

(三)支持平台较少

由于互联网金融与体育产业的融合尚处于起步阶段,所以目前支持体育产业的互联网金融平台相对较少。我国需要进一步强化引导和鼓励,加大支持力度,真正释放互联网金融的优势,使其更好地支持体育产业的发展。

(四)支持深度不够

目前,我国互联网金融支持体育产业主要有入股俱乐部、赛事赞助、网络信贷融资、体育金融产品设计、体育消费支付五大模式,其中投资入股、赛事赞助和传统资本支持体育产业发展并无差异,未能真正发挥互联网金融的优势。而体育金融产品设计绝大多数只是围绕体育门票、赛事转播、球员球衣等体育周边产品开展,投资回报较低,缺乏创意和吸引力。互联网金融并未完全触及体育产业的根本,支持深度不够,这既表明了我国互联网金融支持体育产业过程中存在的问题,也为未来互联网金融更好地支持体育产业指明了方向,如果互联金融行业切实发挥自身优势,开发更为专业、更具创意的金融服务,为体育产业提供深度金融支持,其在支持体育产业发展方面一定会走得更远,一定会实现二者的互利共赢。

三、互联网金融支持体育产业发展的SWOT分析

(一)互联网金融支持体育产业发展的优势(S)

1.技术优势

互联网金融是互联网、大数据、人工智能、云计算等新兴技术对传统金融业的革新升级,与生俱来具有较强的技术优势和新技术运用能力。同时,相比于传统金融,互联网金融在运用新技术时基础更好、成本更低。互联网金融可以发挥自身技术优势,向体育产业提供专业、高效的金融服务。

2. 资源优势

传统金融机构具有较强的地域依赖性,一些地方金融机构资金来源和服务对象主要集中在机构所在地,虽然可以开设分支机构,但阻力较大,成本较高。而互联网金融是基于互联网实现的,受益于独特的业务模式,其资金来源和服务对象可以来自整个网络平台,打破了金融资源的地域限制。此外,互联网金融积累了大量的基础数据,具有一定的数据资源优势。

3. 成本优势

互联网金融相比传统金融在支持体育产业的过程中具有成本优势。首先,时间成本较低。互联网金融所提供的金融服务基本在线上进行,手续简单,交易周期短,金融服务效率高。其次,费用成本较低。互联网金融的业务不需要大量的手续凭证,节省了一定的材料成本。同时,互联网金融不需要开设线下物理网点,有效降低了租赁成本。最后,人工成本较低。互联网金融用先进技术和设备替代了人力劳动,有效降低了人工成本。

4. 融资支持为主多种效应协同带动

实证分析表明,互联网金融可以为体育产业发展提供有效的融资支持。此外,互联网金融以大量历史交易数据为基础,通过对体育消费市场的需求进行分析,可以为体育产业提供有效的生产经营决策。同时,互联网金融通过业务模式创新,有助于推广体育产品或服务,激励体育产业创新。

5. 经营理念优势

互联网金融秉承和发扬了互联网"开放、共享、创新"的精神,形成了"创新引领、服务至上"的经营理念。在这一经营理念的引领下,互联网金融可以为体育产业提供专业化程度高、创新力强、普惠性显著的金融服务。

(二)互联网金融支持体育产业发展的劣势(W)

1. 风控能力较弱

首先,受外部监管体系和内部风控机制不健全等影响,互联网金融平台对资金安全的保障劣于银行等传统金融机构;其次,互联网金融是依据互联网建立的,开放性较高,易被病毒、木马等恶意攻击,潜在风险较高;

最后,一些规模较小的互联网金融平台资本、技术实力较弱,风控意识不强、风控机制不健全、风控能力较差。

2.发展不规范

互联网金融在我国尚处于起步阶段,行业乱象丛生,对整个互联网金融行业的长期健康发展产生了严重的负面影响。互联网金融行业的不规范经营不仅阻碍了自身的发展壮大,降低了其支持体育产业等实体经济发展的能力,而且还有损消费者信任,破坏了行业社会形象。

3.支持力度不足

实践中互联网金融真正围绕体育产业开发的深度金融产品较少,尽管存在一些专门为体育产业打造的金融产品,但陷入了创新程度不高、缺乏市场吸引力的困境。

4.复合型人才稀缺

在互联网金融支持体育的过程中,对相关人才的金融、营销、管理、技术、服务、创新等综合能力要求较高,但目前既精通互联网金融业务又熟悉体育产业的复合型人才相对稀缺。尽管互联网金融行业已经意识到人才的重要性,但人才培养周期较长,需要一定时间、人力、财力和物力的保证。所以,复合型人才稀缺是现阶段制约互联网金融支持体育产业发展的因素之一。

(三)互联网金融支持体育产业发展的机会(O)

1.改革创新成为时代潮流

当前我国经济增长速度放缓,经济发展的问题和矛盾较为突出,转变经济发展方式、调整经济结构成为必然选择,改革和创新则成为解决这一问题的有效举措。互联网金融既是互联网对传统金融行业的改革,更是金融借助新技术的创新。尽管互联网金融发展过程中风险频发,行业乱象层出不穷,但任何事物的发展都需要经过一个从不完善到完善、从弱到强的过程,互联网金融顺应改革创新的时代潮流,符合社会发展趋势,如若加以规范和引导,其一定能够助力我国体育产业改革创新、发展壮大。

2.互联网普及程度显著提高

随着互联网技术的发展和智能手机的普及,我国网民群体日益壮大,互联网普及程度显著提高。互联网金融发展的基础是互联网和广大网络用户,我国互联网普及程度的显著提高,为互联网金融发展提供了有效的外部保障。

3.政策支持

从《关于加快发展体育产业促进体育消费的若干意见》《"健康中国2030"规划纲要》到《体育产业"十三五规划"》，国家出台了一系列支持体育产业发展的政策，明确提出要发挥"互联网+"优势，创新体育产业发展模式，支持体育产业发展。这为我国互联网金融支持体育产业发展提供了政策支持，创造了政策机遇。同时，国家也出台了一系列规范互联网金融发展、防范互联网金融风险的政策措施，这为互联网金融更好地支持体育产业发展净化了环境、指明了方向。

4.市场空间广阔

随着我国经济的长期发展，人民生活水平得到显著提升，消费者的消费需求越来越大、水平越来越高，2021年我国平均居民人均可支配收入达35128元，平均居民人均消费支出24100元，占平均居民人均可支配收入的68%。

(四)互联网金融支持体育产业发展的威胁(T)

1.宏观经济不景气

2008—2017年我国GDP增长速度基本呈波动下降趋势，经济下行压力较大，处于转型升级、结构调整的困难时期。受此影响，互联网金融行业的违约风险可能升高。宏观经济不景气并由此引发的连锁效应都有可能成为互联网金融支持体育产业发展的威胁。

2.行业监管趋紧

互联网金融在高速发展过程中滋生了大量风险，行业监管日趋严格。2015—2018年4月，相关部门累计出台15部与互联网金融有关的政策，政策力度越来越大。近期，针对互联网金融行业较为严重的潜在风险，国务院成立互联网金融专项整治工作领导小组、网贷风险专项整治领导小组，地方政府也相应成立专项工作小组集中处置化解互联网金融领域风险，互联网金融发展遭遇前所未有的寒冬。未来监管的不确定性成为互联网金融发展的潜在威胁。

3.传统金融行业改革创新

传统金融业为应对冲击，顺应创新趋势，纷纷布局互联网金融，其开展互联网金融资本雄厚，公司治理机制和内部风险控制机制完善，线下销售渠道丰富,更容易获得地方政府支持。以商业银行为例,2014年民生银行率先成立线上银行,通过互联网终端提供线上金融服务,次年底正常运营的线上银行已超过50家。在网络借贷领域商业银行也抓紧布局,中国平安成立陆金所、浦发银行成立融资易、招商银行成立小企业e家、兰州银行成立e贷e融等。北京银行、民生银行更是在总行成立一级事业部,全方位布局互联网金融。

4.行业竞争激烈

我国互联网金融自产生以来就受到资本的大力追捧,经过近5年的高速发展,行业的竞争较为激烈。加之传统金融行业近年来纷纷布局互联网金融行业,势必会加剧互联网金融行业的竞争。

5.消费主体的认知水平有限

目前,我国消费主体的消费习惯、理念有所滞后,对互联网金融缺乏足够的认识和信任,也缺乏相应的风险识别能力,新的体育互联网金融产品市场推广难度大、周期长。此外,我国互联网金融发展区域差异较大,在发达地区互联网金融已经渗入人们生活的方方面面,无论是企业还是个人,对互联网金融以及体育类互联网金融的接受度较高,但在欠发达地区人们的认知水平相对较低。

四、互联网金融支持体育产业发展的战略选择

(一)SO战略

SO战略是指企业或行业要积极利用外部机会使内部优势得以最大化发挥,是一种增长型战略。

积极进入体育产业。我国体育产业发展潜力较大,政策优势明显,互联网金融要充分把握这一外部机会,立足体育市场尤其是大众体育消费市场,增强长期融资服务能力和市场竞争力,开发支持体育产业的深度互联网金融服务,占领市场份额。

加大技术研发投入。互联网金融行业应该充分利用体育产业广阔的市场空间、政策红利、规模庞大的网民队伍、改革创新的时代潮流等外部有利条件,加大支持体育产业的技术研发投入,综合高效利用各类新技术,最大化发挥技术优势,提升自身支持体育产业发展的能力。

(二) WO 战略

WO 战略是指企业或行业要积极利用外部优势,尽最大可能消除或减少内部劣势,是一种扭转型战略。

完善风控机制、提升风控能力。互联网金融行业要紧跟国家改革创新的政策导向,把握行业监管趋势,在支持体育产业等实体经济发展的过程中完善风控机制,提升风控能力,树立市场信用,提升用户的信任度,为支持体育产业等实体经济提供坚实的安全保障。

加大对体育产业的支持。互联网金融,一是要以体育产业市场需求为导向,在监管允许的范围内,创新业务模式,开发支持体育产业的深度互联网金融服务;二是要加大对体育产业的融资规模,增加长期融资比重,满足体育产业发展的中长期融资需求。

积极开展人才引进和培训。互联网金融行业一方面要实施人才引进战略,积极从市场引进既精通互联网金融又熟悉体育产业的复合型人才。另一方面要实施人才培训战略,提升行业内部人员的综合能力,使其了解体育产业的市场需求,优化人才队伍。

(三) ST 战略

ST 战略是指企业或行业利用自身优势有效克服外来威胁,是一种多种经营战略。

降低成本。降低成本既指降低互联网金融行业的经营成本,又指降低体育产业的融资成本。互联网金融要充分发挥自身优势,创新业务模式,多元化经营,降低自身经营成本。同时,更应降低体育产业通过互联网金融融资的成本。

加大宣传。互联网金融要在简化服务流程、操作流程,提升服务智能性和便捷性的基础上,强化市场推广和营销,加大体育类互联网金融服务等的市场宣传力度,提升市场影响力和消费者的认知水平。

(四) WT 战略

WT 战略是指企业或行业综合权衡外在威胁和自身劣势,从而采取措施防止风险发生,是一种防御型策略。

优化治理机制。互联网金融行业应主动学习传统金融行业的治理机制,加大资金、技术、人力等投入,持续改进经营的合规性、安全性,提升自身综合治理水平,树立行业信用,增强客户信任度。

防范风险事件发生。信用是互联网金融行业的命脉,风险事件的发生将直接导致行业社会公信力的坍塌。互联网金融需建立完善有效的风险预警机制和风险处置机制,最大程度减少风险事件的发生,防止客户流失。

第四章 体育小微企业发展的动力转换研究
——以四川省为例

第一节 体育小微企业发展动力转换的条件

2014年10月,国务院颁布《关于加快发展体育产业促进体育消费的若干意见》(国发〔2014〕46号,以下简称46号文件)政策以来,体育产业总规模从2014年的1.35万亿元发展到2019年的2.95万亿元,体育产业逐渐发展成为国民经济新的增长点。在此期间,国家相继出台了一系列促进体育产业发展的相关政策意见,从宏观层面加快推动我国体育产业发展。2016年10月,中共中央、国务院印发《"健康中国2030"规划纲要》(以下简称《规划纲要》)提出到2030年,经常参加体育锻炼人数达到5.3亿人。我国应广泛开展全民健身运动,丰富和完善全民健身体系。2019年8月国务院办公厅印发《体育强国建设纲要》(国办发〔2019〕40号,以下简称《纲要》),指出体育产业要成为国民经济支柱性产业。《纲要》提出五大战略任务,围绕体育产业高质量发展作出部署,明确提出加快发展体育产业,培育经济发展新动能,助力体育强国建设。在2018年全国体育发展大会上,国家体育总局原副局长赵勇指出:"推动体育产业高质量发展,为体育强国建设和健康中国建设作出新的贡献"。国务院办公厅《关于促进全民健身和体育消费推动体育产业高质量发展的意见》(国办发〔2019〕43号)的印发再次强调了体育产业的重要性。

四川省政府为贯彻落实国务院46号文件,结合本省实际制定《四川省人民政府关于加快发展体育产业促进体育消费的实施意见》(川府发〔2015〕37号,以下简称川37号文件),自此之后,四川省体育产业发展进入快车道,省政府立志将四川省打造成中西部体育产业发展高地。2016年5月,四川省体育局印发《四川省体育事业发展"十三五规划"》明确了体育产业发展的问题、机遇、发展目标和改革措施等,同时提出构建四川省体育产业区域布局,即一极两带三区多园,将体育产业提高到了战略性的地位。四川省人民政府办公厅《关于促进全民健身和体育消费推动体育产业高质量发展的实施意见》(川办发〔2020〕50号)提出,推动四川省体育产业规模更大、结构更优、市场更活,促进全民健身和体育消费,推动体育产业高质量发展。

四川省政府积极对标国家发展战略,印发《"健康四川2030"规划纲要》,着力推进健康四川建设,提高全省人民健康水平。2019年5月14日国家体育总局与四川省人民政府签署《共建体育强省战略合作框架协议》,标志着四川省加快建设体育强省由省级自建进入部省共建阶段。现阶段四川省体育产业面临着机遇与挑战并存的发展格局。一方面,"健康四川"和"体育强省"建设给四川省体育产业高质量发展带来了重大机遇期,四川省体育产业应当在机遇中求发展,在发展中找机遇;另一方面,四川省体育产业发展进程中的一系列问题显现,如产业结构不合理、区域发展不均衡、产业创新力不足、体育文化基础薄弱、经营管理水平较低和体育产业人才缺乏等,这些问题制了约四川省体育产业发展的进程,阻碍了四川省体育产业规模与效益的提升,四川省体育产业发展距离"健康四川"和"体育强省"建设目标任重道远。综上所述,我国经济转向高质量发展阶段迫切要求产业提档升级,深化改革,四川省正处在治蜀兴川建设体育强省的重要阶段,机遇与挑战、优势与劣势并存。体育产业高质量发展是在国家新发展理念下,坚持以人民为中心,顺应国家经济高质量发展的潮流,满足消费升级背景下人们对于美好生活的需求,符合健康中国和体育强国建设要求。四川省体育产业应抓住"健康四川"和"体育强省"建设机遇期,主动融入国家高质量发展大潮流中,推动四川省体育产业高质量发展,满足人们日益增长的体育需求。

一、四川省社会经济基础

四川,简称川或蜀,总面积在全国排第五,毗邻渝、陕、甘、青、藏、云、贵七个行政区,四川省拥有天然的地理优势和丰富的物产资源,是唯一长江和黄河都流经的省份,地形地势复杂,地表起伏悬殊,兼具高山、高原、山地、丘陵、盆地和平原多种地形,地形的多样性导致了气候的多样性。

四川省的水网密集,拥有长江黄河水系共1400多条河流,水资源丰富,水利工程完善,农业发达,动物资源丰富,有大熊猫、金丝猴、雪豹等珍贵物种。四川省是少数民族聚集区,民族传统文化氛围浓厚。四川省丰富的自然文化资源和地理优势为四川省体育产业多业态发展提供了有利条件,各种体育运动项目都可以四季无休地在四川省开展。

根据四川省不同地区情况和发展潜力等因素,四川省政府印发五大经济区发展规划,将四川省分为成都平原经济区、川南经济区、川东北经济区、攀西经济区和川西北生态经济区。五大经济区经济发展规模和水平差距很大,以成都平原经济区一家独大,川南经济区和川东北经济区总体发展相差不大。总之,四川省经济发展居于全国平均水平以上,综合实力居于西部地区首位,但是整体区域发展极为不平衡。

二、四川省体育产业总体规模

(一)经济总量规模

四川省体育服务业对四川省体育产业规模的贡献率处于全国平均水平之上,四川省优越的地理优势和丰富的物产资源为开发特色体育旅游业提供了条件,带动了四川省体育服务业的发展;四川省体育制造业占比25.6%,全国体育制造业占比达到49.7%,其体育制造业增加值占比同样高于四川省,四川省地处中国西部内陆地区,其体育制造业的开发时间、投融资机会、交通运输等均比不上中国沿海地区,四川省体育制造业的瓶颈问题亦是下一步应当着重解决的问题;全国体育建设业所占比重为2.4%,四川省体育建设业所占比重达到4.5%,硬件设施上东安湖体育公园、金强国际赛事中心、凤凰山体育公园等体育载体建设不断强化,为四川省体育建设业和四川省经济发展注入新的活力。

(二)产业从业人员数量

四川省体育产业从业人员既可以反映出四川体育产业的规模,又可以反映出不同类别体育产业吸纳就业的人员数量。四川省体育服务业从业人口规模不断扩大,新时代背景下从业人员规模扩大的背后应当更加注重从业人员的质量,在国家倡导发展实体经济的背景下,四川省体育制造业和体育建设业应当立足人民需要,优化要素投入,创新发展模式,实现制造业和建设业的转型升级,为四川省体育产业和经济发展作出贡献。

2018年四川省体育服务业以七成(69.9%)的总产出和七成以上(73.2%)的增加值,吸纳了体育产业九成以上(90.6%)的从业人员数量,成为四川省体育产业承载就业人员数量最多的门类。服务业是引领转型发展的新引擎、新方向,服务业是最大的就业容纳器。体育服务业作为体育产业最主要的经济增长点,大力推动体育服务业转型升级、推陈出新对于拉动全省乃至全国经济增长和社会就业具有重要意义。

三、四川省体育企业布局

《四川省体育发展"十四五"规划》明确指出,"十四五"期间,四川体育将构建"6大体系"、实施"32项工程"、打造"6张版图"。

在这份《规划》中,由32项工程构成的6大体系包括:构建全民健身公共服务体系,打造"健身版图";构建竞技体育水平提升体系,打造"运动版图";构建青少年体育夯基筑垒体系,打造"星火版图";构建体育产业高质量发展体系,打造"经济版图";构建体育文化传承传播体系,打造"多彩版图";构建体育治理能力现代化体系,打造"法治版图"。

其中,"健身版图"明确提出,要围绕"办人民满意的体育"目标,大力实施全民健身场地设施补短板、赛事活动全域化、健身组织全覆盖、科学健身指导普及、全民健身智慧化提升等5大工程。围绕"奥运争光、全运争先"的"运动版图"则是要大力实施管理体系优化、项目培优、科技支撑行动、重大赛事攻坚、职业体育促进、运动员保障提升、反兴防兴强化等7大工程,提升四川竞技体育综合实力。

《规划》中,对"经济版图"的规划是:实施产业布局优化、市场主体培育、示范载体创建、体育消费促进、产业融合发展、体育彩票健康发展等6大工程,到2025年,四川全省体育产业总规模达到3200亿元。

《四川省体育产业发展总体规划(2019—2023年)》提出,体育产业的总体布局要深入融合"一干多支、五区协同"的经济发展格局,提出构建"一核三带五区"的体育产业新布局。"一核"指成都的引领作用。"三带"指山地运动产业带、水上运动产业带和冰雪运动产业带。"五区"指环成都体育产业发展区、川南体育产业发展区、川东北体育产业发展区、攀西体育产业发展区、川西北生态体育产业发展区。

"一核三带五区"体育产业新布局的提出是在四川省国民经济水平提

升,国家层面推进体育强国建设和高质量发展战略背景下,结合四川体育强省战略和四川省体育"123456"战略综合制定的,符合四川省当下体育产业发展趋势,是四川省体育产业高质量发展的重要产业布局。

第二节 体育小微企业发展动力转换的障碍

一、总体规模偏小,对经济贡献率偏低

四川省经济发展水平居于中国西部地区第一,与东部沿海省份相比,四川省体育产业总体规模偏小,体育产业对经济的贡献率偏低。

二、体育产业结构有待优化

四川省体育产业内部结构是体育服务业占主要地位,体育制造业和体育场地设施建设业规模较小。根据2018年四川省体育产业统计公告数据可知,四川省体育产业总体上以体育服务业为主,占到四川省体育产业总量的70%,体育制造业占四川省体育产业的26%,体育建筑业在四川省体育产业结构中所占比例最小,仅为4%。四川省体育服务业内部结构发展不均衡,体育竞赛表演业和健身休闲业规模较小。2018年四川省体育用品及相关产品销售、出租与贸易代理的总产出为442.90亿元,占2018年四川省体育产业总规模的38%,体育竞赛表演业和健身休闲业的总产出为21.32亿元和77.88亿元,仅占2018年四川省体育产业总规模的1.8%和6.7%。

《国务院办公厅关于加快发展体育竞赛表演产业的指导意见》(国办发〔2018〕121号)中指出:鼓励发展以体育竞赛表演企业为主体,以旅游、交通、餐饮等为支撑,以广告、印刷、现场服务等为配套的产业集群。

三、体育产业区域发展不均衡

结合四川省各市州经济发展情况、四川省各地区人口数量以及四川省各地区体育场地数量综合得出,四川省体育产业区域发展不均衡,主要表现在以下三个方面:①成都市主城区体育产业相对比较发达,成都平原经济区次之,盆地周围山区较为落后;②乡镇区域较城镇区域体育产业发

较为落后;③周边城市较成都平原发展较为落后。

四、体育产业创新力不足

四川省体育产业创新力不足可以从微观、中观和宏观层面理解。微观层面:四川省体育产品和服务缺乏创新,体育企业品牌创新和科技创新意识不足,企业缺乏商业模式和盈利模式的创新,具备创新能力的知名体育企业很少;中观层面:四川体育产业与相关产业融合创新不够,体育产业与旅游、文化、康养和信息等产业的融合创新欠缺活力,体育产业配套设施和体育产业集群缺乏创新性设计;宏观层面:四川省体育产业政策和发展规划缺乏创新性设计。同为第三产业第三层次的文化产业在企业品牌和商业模式创新、产业融合发展和文化产业政策创新性设计等方面值得体育产业学习。

五、体育文化基础薄弱,消费观念有待加强

四川省体育文化基础薄弱表现在:①体育市场主体缺乏活力,体育消费市场有待培育;②消费观念落后,始终将学习教育、医疗卫生、住房保障等放在生活的前几位,对体育消费的重视程度不够[①];③体育消费观念的异化,人们倾向于物质消费,和体育消费本身具有的精神消费、合理消费的含义相悖。

六、经营管理水平较低,体育产业人才缺乏

人才是引领发展的第一资源,造成经营管理水平较低的主要原因是体育产业人才缺乏,四川省体育产业人才缺乏主要表现在以下三个方面:①缺乏具备体育产业相关经营管理、体育运动知识技能的行政管理人员;②缺乏具备创新能力和创新意识的体育企业家;③缺乏高素质的体育营销管理人员和体育产品研发人员。

七、财政支持力度不足,政策落实不到位

体育产业是市场化的体育事业,体育产业在体育场馆的建设、经营、管理、重大体育赛事的运营等方面需要政府财政的支持,2018年四川省体育局一般公共预算拨款中文化体育与传媒支出35960.95万元,主要用于对省

---

①付东,李旻."一带一路"背景下四川省体育产业发展路径研究[J].成都体育学院学报,2021,47(04):93-99.

运动学校和省运动项目管理中心运动员比赛经费、伙食补助、场馆运行经费等体育事业的支持,体育产业的财政支持力度与体育产业实际发展资金需求之间存在较大的差距。政策落实不到位表现在:①四川省体育产业政策出台后没有相应的绩效评估,以保证政策的有效实施。②四川省体育产业政策的配套政策不健全,政策体系不完善。

第三节 体育小微企业发展动力转换的对策

一、体育小微企业发展动力转换要素

(一)内在动力要素

体育小微企业高质量发展的内在动力要素是动力机制研究的核心内容。体育小微企业高质量发展离不开两个内在动力要素,一是体育需求,包括体育观赏型需求、体育参与型需求、体育实物型需求和体育投资型需求[1];二是体育产品的生产供给。

(二)外在动力要素

体育小微企业高质量发展的外在动力要素是动力机制的重要组成部分。外在动力要素起到了助推和保障作用。外在动力要素包括政策环境、经济水平、文化基础、科技实力、体育及相关人才、社会组织和其他外在动力要素等内容。这几方面的内容相互影响、相互作用,共同构成体育小微企业高质量发展的外在动力。

二、四川省体育小微企业高质量发展的动力机制分析

动力机制界定为一个事物发展的不同层级的推动力量以及它们产生、传输并发生作用的机理和方式。针对四川省体育小微企业高质量发展,其动力机制是四川省体育小微企业高质量发展内外动力要素产生和发生作用的机理和方式。

四川省体育小微企业高质量发展动力机制由内部动力作用机制、外部

---

[1]李凌,曹可强,张瑞林.区域异质性视域下体育消费发展的内涵特征、动力机制与现实路径[J].体育学研究,2022,36(02):41-51.

动力作用机制和内外协同机制三部分组成,这三部分作用机制彼此之间相互作用共同构成四川省体育小微企业高质量发展的动力机制系统。

(一)内部动力机制分析

1.从需求侧角度分析

体育需求是人们因生理或社会原因而产生的从事体育活动的愿望和要求。体育需求有别于体育需要,体育需要指的是意愿,而体育需求指的是意愿+购买能力。

体育需求是在人们的基本生活需求(住房、教育、医疗卫生等)得到满足后产生的。当下我国正处于经济高质量发展和第三次消费结构升级的转型时期,急需经济增长空间大的绿色健康产业,体育产业作为新兴产业、健康产业、绿色产业,能满足经济发展的要求。

从需求侧出发,体育总需求包括居民体育消费、企业投资和政府支出。增大投资和扩大消费都可以提升经济水平,生产、分配、交换和消费是社会再生产的四大环节,可以看出,消费是整个生产的最终环节,也是生产的最终目的。增加投资力度是从生产环节入手,经过社会再生产的四个环节最终提升经济整体水平;扩大消费是从社会再生产的最后一个环节入手,直接提升经济整体水平。我国一直以来都存在"重投资、轻消费"的问题,所以需求端的关键问题在于投资能否顺利转换为消费,为经济发展作贡献。

体育需求对经济的作用可以从体育投资和体育消费两个层面来理解。一方面,政府支出应多用于公共事业和社会保障,改善我国体育需求结构,促进体育投资向体育消费转化;另一方面,要优化体育消费环境,创造体育消费新动能。

2.从供给侧角度分析

生产供给主要是指体育产品及体育服务的质量。从两个方面进行理解,一是体育产品和服务的生产供给要达到"量"的标准,二是体育产品和服务的生产供给要满足"质"的要求。高质量的体育产品和服务要满足低投入—高产出、低供给—高效益的要求。

体育产品和体育服务供给的主体是体育企业,体育企业的技术能力和人力资源是保障低投入低供给的根本条件,所以供给端在优化生产要素投入的同时,要探索体育产品和体育服务创新模式,积极进行体育产品市场开发与体育品牌创新,培育高质量的体育产品和服务。

3.体育需求和生产供给双向作用

体育需求和生产供给满足微观经济学的供求关系,即需求决定供给,供给反过来促进需求。在体育需求和生产供给二者之间,最终的目的是满足广大群众多样化的体育需求,而这一目的则需要通过提高体育产品和服务的质量与效率来实现。

体育需求和体育供给是相互作用的,体育需求决定体育供给,体育供给反作用于体育需求。体育需求和体育供给处于一直变化的状态当中,当体育需求大于体育供给时,表现在体育产品和服务的价格增长上,这时旺盛的需求会刺激生产,在供给端增加投资来扩大体育产品和服务的数量和质量,满足群众体育需求。当体育供给大于体育需求时,体育的供给端超出了人们对于体育的总量需求,通过提升体育供给的质量,降低体育供给的成本,以扩大和刺激体育需求。

总的来说,提高供给质量是扩大体育消费需求的方式方法,扩大体育消费需求是提高供给质量的目的,体育需求和生产供给双向作用,其最终目的是二者之间可持续发展,共同推进体育小微企业走向高质量发展。

(二)外部动力机制分析

1.政策环境

体育产业政策对体育小微企业高质量发展起到统领性、导向性作用,从宏观层面推动了体育产业高质量发展。一方面,产业政策提出了体育小微企业高质量发展的具体要求,规划了体育小微企业高质量发展的路径措施,《四川省体育事业发展"十三五"规划》提出,全面建设四川体育强省的任务要求,要努力建设一个政府保障群众基本公共体育产品和服务、市场满足群众多元化多层次体育消费需求的体育产业新格局。另一方面,产业政策可以激发体育市场主体活力,形成浓厚的体育投资和消费环境,川37号文件提出到2025年,将四川省打造成为中西部体育产业高地,打造一批具备全国影响力的体育企业、体育产业基地、体育俱乐部、体育示范场所、体育品牌赛事,打造一批具有地方特色、民族特色的节庆活动和群众活动。四川省出台的这些体育产业相关政策从省级层面为四川体育小微企业高质量发展指明了方向,对四川省体育小微企业高质量发展起到指引性作用。

2.经济水平

经济发展水平直接关系到体育产业发展的质量和水平,按照发达国家的经验,当人均GDP达到8000美元时,体育产业便会出现爆发式增长,目前,我国人均GDP已连续两年超过1万美元,我国体育产业规模和增加值的增速均超过同期国内生产总值的增长速度。四川省2019年人均GDP达到8572美元,人民大众对于体育消费的需求愈加多样化,体育小微企业迫切需要高质量发展来适应日益增长的体育需求。经济发展对体育产业的影响可以从三个方面理解。第一个方面,经济发展水平直接影响人们收入水平,人们收入水平提高,体育需求便会朝着生活化、大众化的方向发展,体育产业成为人们生活"刚需"愈加显现。第二个方面,经济水平提升促进体育基础设施建设。第三个方面,经济发展可以调节一、二、三产业之间的结构,促进第一二产业向第三产业过渡发展,体育小微企业归根到底属于第三产业,经济的发展无疑促进体育小微企业在第三产业中占据更多的优势地位。体育产业高质量发展一定是建立在经济高质量发展的基础上的,经济高质量发展一定程度上倒逼体育产业走高质量发展道路,经济高质量发展对体育产业高质量发展起支撑性作用。

3.文化基础

体育文化是我们进行体育活动的催化剂,具备一定体育文化素养可以使大众更广泛、更快速地接受和从事体育活动。一是体育文化影响人们的消费观念和体育行为。体育文化是自下而上的,是根植于群众的,体育文化程度决定了人们对于体育项目的接受程度,从而直接影响人们的体育行为。二是体育文化对于体育小微企业的品牌创建和营销具有促进作用。品牌承载的是产品质量、技术水平和企业文化综合形成的无形资产,品牌的塑造和营销均离不开体育文化元素。体育文化推动体育小微企业高质量发展。

4.科技实力

我国科技已经实现了从跟跑、并跑到领跑的历史性跨越,科技为我国经济高质量发展增添了动力。科技成果在体育领域里的应用越来越广泛,在竞技体育领域,科技可以为运动员提供机能水平评定、力量训练及伤病康复、运动技术诊断、运动营养指导和运动疲劳消除等精细服务。在体育赛事领域应用最多的VR技术,能够带给用户身临其境的体验;人工智能应用于棋牌运动、战术暂停、战术分析、场景分析等领域。在体育用品制造业应用最多的便是3D打印技术,在体育用品方面,未来将有十分之一的市场会受3D打印技术影响。在智慧体育领域,利用物联网、大数据、云计算、移动互联网等手段,整合资源,打造新型智慧体育城市;在促进全民健身智慧化发展方面,包括体育场馆活动预订、赛事信息发布、经营服务统计等整合应用;智慧跑道可以直接扫描人脸记录或显示成绩;运用5G网络技术助力体育赛事直播和转播。科技是强体之本,兴体之源,合理运用科学技术方能推动体育进步与发展。科技对体育小微企业高质量发展起引领性作用。

5.体育及相关人才

无论社会如何发展,科技如何进步,最根本还是在于人的发展。创新是发展的第一要义,而创新归根到底是创新型人才的培养。在政府管理方面,需要既懂行政管理知识又具备体育相关经营管理技能的人才,协助体育管理和体育产业政策的制定、落实与监督。在体育小微企业经营管理方面,需要懂企业经营管理和体育相关管理的综合型人才,这些人才在为企业创造利润的同时,也能促进体育产业的持续高质量发展。在高校及科研机构领域,需要体育科学研究领头人才,深入研究解决体育领域的关键问题,用理论指导体育实践。

6.体育社会组织

体育社会组织是为了某一特定体育活动目标,有意识、有组织地聚集在一起形成的民间社会组织。体育社会组织是党和政府联系社会、市场、体育爱好者的重要桥梁,体育社会组织对于体育小微企业高质量发展的推动作用表现在:一是承担政府职能的转移并提供公共体育服务;二是激发体育市场的潜力并刺激经济增长;三是满足群众日益增长的体育需求和美好生活的需求。

(三)内外协同机制分析

四川省体育小微企业高质量发展是一个整体系统,系统的内部动力要素与外部动力要素是不可分割的,内外协同机制将内部动力作用和外部动力作用有机地连接为一个整体,向内可以培育和催生体育小微企业发展的新需求和新动力,向外可以促进经济发展和社会进步。四川省体育小微企业高质量发展内外协同机制主要从以下两方面进行分析。

1. 以政府、社会组织和市场主体构成的三方协同机制

由政府、社会组织和市场主体构成的三方协同机制之间是一个两两互动关系,政府和社会组织是互动合作关系,政府占主导地位,社会组织从政府方面获得资金、政策等支持;政府和市场主体之间是互动合作关系,政府和市场主体各取所需,政府需要市场主体的资金支持,市场主体从政府方面获得政策和人才支持;社会组织与市场主体之间是互动合作关系,属于平等互利互惠的形式,社会组织需要市场主体在资金、人才、场地方面的支持,市场主体通过与社会组织合作加强了品牌文化建设。

2. 以体育小微企业空间载体和业态载体构成的内外协同机制

四川省体育小微企业的空间载体主要有体育产业基地、体育特色小镇、体育服务综合体等,其业态载体是指体育产业基地、体育特色小镇、体育服务综合体等空间载体具体的经营形式。

丰富的空间载体将四川省体育小微企业高质量发展的内外动力要素聚集起来形成强大的合力,一方面发挥了载体平台的资源集聚作用,另一方面形成了具有感染力的体育文化环境。以双流体育产业基地为例,双流体育产业基地依托独特的区位优势和优越的资源禀赋,积极打造具有全国影响力的高能级文创刊体、高品质重大项目,将体育竞赛表演、体育健身休闲、体育场馆服务、体育教育培训、体育用品销售等作为双流体育产业五大发展重点,着力构建"一核两区多点"的空间发展格局。双流体育产业基地作为空间载体,充分利用其自身资源优势,打造多种类多层次的体育产品和服务,向内满足了人们多样的体育需求,向外带动了经济发展,进一步扩大了双流的知名度、美誉度和影响力。罗江县白马关运动休闲特色小镇依附当地特色的自然、文化、体育资源,积极创新开发以三国文化为主的休闲养老旅游开发项目,已建成体育特征鲜明、文化气息浓厚、产业集聚融合、生态环境良好、惠及人民健康的运动休闲特色小镇,吸引无数酷爱体育运动的人们慕名而来,为四川省体育小微企业高质量发展增添了活力。天府奥体城综合体是四川省首个集水上、山地、综合体育项目为一体的大型体育综合体。天府奥体城的建设,构建了以体育赛事为核心的"文体商旅教"综合产业生态圈,充分盘活了体育场馆资源、体育生态资源和人文资源,极大程度带动了体育融合业态的发展,有助于扩大城市体育经济规模,为体育小微企业高质量发展搭桥铺路。

三、四川省体育小微企业高质量发展动力体系分析

体育产业转向高质量发展既要把握好内外动力,将内外动力连接成一个可以实现自我运转的动力系统,又要把握好当今时代发展的机遇。四川省体育小微企业高质量发展要结合本省特色产业资源,秉承国家体育产业高质量发展理念,从内外动力层面入手,研究四川省体育产业发展的动力变革,带动四川省体育小微企业效率变革,最终实现质量变革。笔者综合考虑四川省体育产业高质量发展的长期性和复杂性,依据四川省体育小微企业高质量发展内外部因素的构成和相互作用关系设计出动力结构。

该动力结构由内部动力、外部动力和内外协同机制组成。整个动力结构的核心理念是满足人民大众的体育需求,其内部动力系统以供求关系理论为指导,以供给和需求双向作用为基础。其外部动力系统,由经济水平、政策环境、文化基础、科技实力、体育及相关人才和体育社会组织等动力要素构成,经济发展水平支撑四川省体育小微企业高质量发展,文化推动四川省体育小微企业高质量发展,政策环境指引四川省体育小微企业高质量发展,体育社会组织推进四川省体育小微企业高质量发展,科技引领四川省体育小微企业高质量发展,体育及相关人才指导四川省体育小微企业高质量发展。以政府、社会组织和市场主体三方为核心的内外协同机制,三方主体以大众的体育需求为目的,明确各方权、责、利的责任,充分利用外部动力资源,结合内部动力,发挥内外协同合力作用。体育载体是联通内外动力的具体存在形式,四川省体育载体主要包括体育产业基地、体育特色小镇和体育服务综合体等。

四、四川省体育小微企业高质量发展的路径探索

(一)基于内部动力不足,推进供需匹配的结构性改革

优化体育消费环境,丰富体育消费场景。利用消费者协会维护体育消费者的权和益,引导消费者遵守消费市场规则和纪律,完善市场主体之间自我约束机制和相互约束机制;建立体育消费调查站点,充分了解消费者的需求;丰富体育保险种类,推出单项运动项目保险,提高社会公众体育保险购买欲;利用互联网与体育的融合发展,建立线上体育场景,形成闭合的产业链条,让消费者利用虚拟的体育产品、体验和服务直接在线上完成体育消费行为。

扩大体育需求,增加有效需求。鼓励引导社会力量投资建立小型多样的体育健身场所,改造旧厂房、仓库为体育健身场馆,拓展体育消费新空间;提升大型公共体育场馆的运营服务水平,对大型体育场馆进行信息化、智慧化、科技化改造,打造智慧型综合体育场馆,增加消费者的有效需求;实施大型体育场馆免费或者低收费向社会开放,延长体育场馆和体育设施的开放时间。

培养终身体育观念,提高体育消费黏性。成立各种运动项目协会,提升运动项目爱好者的归属感;制定群众运动水平等级标准,充分发挥社会体育指导员指导社会群众进行科学锻炼的作用,满足社会群众在自身体育运动技能提升方面的需求,进一步增强体育消费黏性;运动项目从小抓起,引导支持每位青少年熟练掌握一项或者两项体育运动项目,树立终身体育的观念。

(二)基于外部动力不足,优化体育产业发展外部环境

1.加强政府推动力

四川省政府在体育产业相关政策的制定、落实方面要充分发挥宏观控制作用。在政策设计上紧密贴合国家战略结合四川省具体实际制定具体性、可操作性强的体育产业相关政策。在政策落实监督上要增加政策的宣传和指导,将政策落实工作具体到部门或人,实行考核评估和阶段性评估。在要素配置方面,实现以政府引导和市场主导的要素配置方式,逐渐由自上而下的配置方式过渡为自下而上的配置方式,以激发广大群众参与体育的热情与活力。省政府积极建立体育小微企业引导资金和补助资金,建立资金投入后期的反馈监督机制。

2.厚植体育文化根基

在保护四川省民间传统体育文化的基础上,充分挖掘和培养特色运动项目,积极开展独具历史文化和地域特色的群众广泛参与的体育赛事,将现代元素融入传统体育文化,丰富传统体育文化内涵。强化大型体育赛事的文化引领作用,将体育文化根植于大型体育赛事,利用好大型体育赛事,促进体育文化的持续不断发展。支持四川省各市区打造集运动项目、体育文化、人文地理特色为一体的体育文化名城。支持体育组织、运动项目协会宣传学习体育文化理念,提升群众对于体育在人类生活中的地位与作用的认知水平,培养群众合理的体育消费观念。

3. 将科技兴体上升为省级战略

以建设可持续发展的体育场馆为目标,加强互联网、数字技术、人工智能、VR技术等在体育场馆中的运用,将体育场馆打造为智慧场馆、智能场馆,满足消费者多元化、个性化的需求。加大体育科技研究经费投入,将"四川制造"发展为"四川智造",真正将科技运用到体育产品本身,提高体育制造的效率以降低生产成本,实现体育产品和服务的高品质发展。鼓励体育小微企业将科技创新摆在发展的首要地位,加强高科技产品引进来和提升自主品牌的研发能力。

4. 加强现代体育社会组织建设

加快推进体育社会组织向政社分开、权责明确、依法自治的现代社会组织转变,提高体育社会组织承担全民健身服务的能力和质量。积极发挥全省性体育社会组织领导群众参与健身活动方面的作用。加强各级体育协会建设以带动各级行业、群众体育组织开展全民健身活动。加强对基层文体组织的引导和服务,重点培育和发展在基层开展体育活动的城乡社区服务社会组织。推动体育社会组织品牌发展,发挥社区建设作用,形成结构清晰、类型多样、服务多元、竞争有序的现代体育社会组织新局面。

5. 完善体育人才培养体系

体育产业人才体系建设是一个系统工程,应当从专业人才的强化、融合人才的培养、人才的"引进来"与"走出去"、退役运动员安置和社会人员的培训方面进行系统化培养。强化体育类院校、综合类院校着力培养专业优势强的体育产业人才;加强体育学科领域双学位的培养授予,促进经济、文化、管理、营销、旅游、医学、新闻等专业与体育的融合发展,提升体育产业人才的综合实力水平;政府选派体育领域突出人才出国留学进修,持续引进国外、省外综合能力强的体育产业营销、运营、管理等方面人才;妥善处理退役运动员的安置问题,提供创业与就业机会,充实体育产业人才队伍;加强对社会类体育组织、协会等运营管理人员进行体育培训与学习,提升群众体育专业知识能力水平。

(三)基于内外协同机制低效,构建双层级的体育产业发展格局

1.构建以三方主体为核心的内外协同机制

要做好政府、社会组织和市场主体三方各自角色定位,明确各方权责。政府方面,要做好各项政策与法规的制定,制定中长期发展规划,引导社会组织和市场主体参与体育活动,加大对社会组织和市场主体在资金、人才和技术等方面的扶持力度,做好市场监管。社会组织方面,承接好政府政策的宣传解读工作,为市场主体提供技术指导和咨询工作,协调各方力量,集聚资源,为政府和企业解决供给方面短缺问题。市场主体方面,积极进行技术创新,推进供给侧改革,提供高质量的产品和服务,积极承担公共体育服务产品供给,支持体育事业发展。

2.依托体育载体聚集功能,畅通内外协同渠道

体育综合体作为城市综合体的一种,主要作用是满足人们多样化多层次的体育需求,促进餐饮产业、娱乐产业等与体育综合体融合发展,将互联网、大数据、云计算、智慧体育等融入体育综合体的建设与改造中,打造智慧化、一体化的体育服务综合体。将体育服务综合体建设纳入城市建设规划,鼓励社会资本参与和管理体育综合体,形成具有长效机制的体育综合体管理模式。体育产业基地要依托核心资源优势,以重点项目为载体,夯实发展基础,打造集体育用品制造、体育会议、展销和体育休闲、体验运动于一体的体育产业基地;做好谋划规划,明确基地发展方向;做好营销推广,提高基地知名度。因地制宜对区域特色资源进行开发,加强体育特色小镇的顶层设计,统一规划前期资源要素投入和后期运营内容,建立监管考核系统。

第五章 体育小微企业发展的动力机制研究

第一节 体育小微企业动力机制概述

动力机制是"动机"的全称,简单来说就是动力来源,主要有市场动力机制和产业动力机制,多数研究者在体育产业领域的动力机制主要从产业经济学、经济动力学、管理经济学等角度来研究影响体育产业发展的因素,有关建立动力机制模型的研究成果较多,部分学者从产业集群发展的角度,引入区域经济理论,通过对不同城市区域体育产业集群发展进行比较,提出区域经济发展水平对体育产业集聚发展起着支撑作用,尤其在消费环境、体育场馆、体育人才、经济基础等方面发挥着显著作用。

从生物学观点看,任何生命体的运动总是在一定的动机支配并在一定的动力作用下发生的。作为国民经济细胞的体育小微企业,也是一个有着生长、发展、消亡等生命现象的生命体。其运行(企业这一生命体的运动)也是由一定的动机支配和动力作用的。一般来说,企业有什么样的运行动机和动力,就会选择什么样的经营目标、经营方式和经营活动。在计划经济下,体育小微企业运行的动机是实现国家指令计划要求,企业运行主要靠行政力量推动。与此相应,企业以完成和超额完成指令性计划指标为运行目标,以面向国家需要、单纯生产为活动方式,以努力增加产值、产量为活动的主要内容。在市场经济体制下,体育小微企业是独立的商品生产者和经营者,运行动机由自己生命运动的内在要求决定,企业运行主要靠经济力量推动。具体地说,体育小微企业自然会选择以利润最大化为中心的运行目标,以面向市场、竞争取胜、开发创新为特征的经营方式,以努力提高经济效益和社会效益为主要内容的经营活动。

运行动机是激发和推动企业运行的基本因素,反映了企业运营的根本目的,主要解决企业应该"做什么""为什么做"等规范性问题,运行动力是推动企业运转、生长和发展的力量,这种力量可能是企业自身所具有的,也可能是外部环境所赋予的,它主要解决诸如"什么力量推动企业运行""企业目标靠什么力量来实现""能实现到什么程度"这样一类实证性问题。由此可见,企业运行动机的强烈程度、运行动力的大小程度,既反映了企业追求其自身利益的程度,也决定了企业目标的实现程度。

体育小微企业的生存和发展有赖于以一定方式组织起来的企业成员的服务和贡献,因此企业动力从根本上来说,来自其成员满足自身需要或对利益的追求(如某种或某些目标的实现)。由于企业成员在企业活动中处于不同的经济地位,有着不同的利益要求,形成了不同的利益集团,这些集团在企业的生产经营活动中各自追求自身的利益[①],由此便产生了不同的动机,以及与这些动机相一致的动力表现。企业中不同利益集团的动力的有机联系及其作用关系,构成了企业动力机制。

第二节 体育小微企业动力结构分析

一、体育小微企业动力结构

(一)内驱动力结构

1.生产供给和消费需求双向驱动力

当前,体育产业中的制造业存在低端产业趋向饱和,高端产业断档缺位,处于"冰火两重天"的位置,两者存在巨大差异;在众多一线城市,存在体育健身服务需求大,体育竞赛表演群众需求大的情况,但是供给端口却很少,真实有效的体育供给产业不足,服务水平参差不齐,难以满足消费者的体育需求,服务质量亟待提升,说到底都是需求和供给不协调、不同步、不耦合造成的。从马克思哲学、政治经济学的角度来看,其核心是供给与需求的矛盾,体育产业的发展需要遵循客观规律,实事求是,按照客观规律发展,从供给方向来讲,内驱动力要从根本出发,开展内生自我革命,推动结构性变革,优化结构布局体系,以优质、高效、快捷的产品与服

---

①姜鸣凤.高技术衍生企业利益相关者管理能力研究:创业伦理的视角[D].大连:大连理工大学,2020:16-17.

务面向市场;从需求方向来讲,要推动经济发展,必须刺激人们的消费需求,因为消费对生产具有反作用,消费能够创造出新的生产力。因而,体育产业的发展,要把握好供需两个方向,解决供需两个矛盾点,抓住主要矛盾和矛盾的主要方面,避免只顾一个方面而造成平面性以及局限性,厘清体育产业发展思路,明确发展方向,理性抉择,满足需求,主动发展。

2.产业要素驱动力

产业要素驱动涵盖人力、资本、技术、创新力、政策、信息数据等方面,体育产业发展的初期阶段,主要是依靠人力低层级水平来推动的,目前体育产业发展需求旺盛,急切需要改变传统发展方式,必须依托社会资本力量、人才资源、创新能力等要素来进行调整。从根本上讲,创新是第一动力,人才是第一资源,体育产业的发展离不开创新、科技的支撑。因此,要充分发挥关键要素的驱动作用,推动体育产业的转型,高质量跨越式发展。

(二)外驱动力结构

1.市场环境驱动力

市场的内外环境驱动力是体育产业驱动力结构中的重要组成部分,其中最重要的是经济发展水平、居民收入水平。居民的收入水平也是体育产业发展的外在驱动力中市场环境驱动力的重要一环,只有居民收入提高了,在满足基本物质生活需求后,才会追求精神产品消费,才会向服务业、虚拟产业投入时间和精力,根据国外统计数据,当一国人均GDP超过8000美元时,体育消费水平将会有质的飞跃,当下,我国经济发展速度较快,人均收入每年都在增长,体育产业的可穿戴智能设备发展迅猛,群众对体育产业的投资也越来越多,我国体育产业环境也不断好转。归根到底,市场在资源配置中所起的决定性作用,也是实现体育小微企业高质量发展的根本保证。

2.政府行政驱动力

目前,我国正处于经济转型升级的关键期,为了寻找新的支柱产业,个别发达城市走向了差异化、特色化、绿色智能化的城镇发展道路,体育产业被提上议程。体育产业能够带动制造业、服务业、休闲业的发展,成为多地城市发展新的经济增长点,甚至被定性为"支柱性产业",其间政府的行政驱动力起到了关键作用。

从政府自身角度看,通过行政手段、行政立法来出台体育产业政策是推动小微企业高质量发展的重要举措。我国经济规模总量庞大,体育产业的发展需要通盘考虑,才能够起到四两拨千斤的作用,通过体育产业带动周边产业,只有上下游联合,服务业延伸,基础建设夯实,才能最终实现经济的跨越发展,因此政府部门应统筹推动体育事业和体育产业发展。发展体育事业就是发展体育产业,政府行政驱动有力度,才能实现全民健身,更好地发展竞技体育,才能增强群众参与体育事业、体育产业的意识,发挥主动性、积极性、创造性,进而带动体育产业发展,为体育产业的发展注入群众活力。政府行政驱动力不仅包括政策,还包括服务意识,政府要简政放权、放管结合、优化服务,营造良好的营商环境,单单有政策、服务还不够,还需要有监督管理,还需要有政府管理理念的提升转变。

二、基础动力因素的影响机制分析

(一)企业家资源禀赋

传统古典经济学认为企业家即企业生产的组织者,随着大量企业的创立,学术界自20世纪开始就提出了企业家精神的概念,并随之研究了企业家对企业成长的影响。奈特通过深入分析得出,企业家所具备的冒险精神,因为承担了一定的风险从而获得了相应的报酬[1]。熊皮特认为,企业家因其人格魅力,在企业的经营活动中推动创新,产生企业成长的动力[2]。柯兹纳尔提出,企业家通常利用自身所具备的知识,善于把握交易机会并从中获益[3]。英国的经济学家卡森提出的企业家理论认为,企业家作为中间人,为了实现重新配置企业资源而进行交易,企业家是协调稀缺资源的决策者[4]。企业家因其正确的决策而得到报酬,内部因素与外部因素共同作用影响企业的绩效。研究发现企业家的某些特质,比如企业家的个人素质与素养对企业的成长有很大的影响。我国数量众多的体育小微企业在经济全球化趋势中,为应对日益严峻的市场竞争,实现企业的成长,要求企业家必须具备企业家精神及企业家资源,包括领导能力、随机应变能力、

---

[1]刘济浔.新创企业决策逻辑的研究[D].杭州:浙江工业大学,2020:11-12.
[2]李子荷.双重股权制度下智力资本对创始人控制权的维护[D].武汉:武汉纺织大学,2021:23-24.
[3]赵晓奔.制度、技术创新与产业协同演化研究[D].南昌:江西财经大学,2019:21-22.
[4]夏晗.企业家精神、企业创新对企业成长的影响[D].武汉:中南财经政法大学,2020:17-18.

决策力以及承担风险的魄力和坚强的意志力。相关研究证明,企业家自身资本要素能够在一定程度上影响企业成长,小微企业也因其企业家所特有的企业家能力而实现企业的高成长。

(二)组织结构效率

小微企业要实现成长,就必须要有明确的发展目标,只有做到企业权责分配合理、各部门及人员分工明确、内部沟通顺畅,同时企业整体运行有序,才能实现企业成长。X效率理论和新制度经济学通过深入探究企业内部的制度设计结构和性质,发现企业文化、企业治理结构、产权制度以及激励制度是组织效率的关键影响因素。体育小微企业为实现企业发展壮大,不断提高其对组织结构的需求,从而要求调整组织结构并挖掘组织新功能,重新整合各职能部门功能,优化组织环境,使组织的各项功能得以发挥,以实现体育小微企业的成长。在体育小微企业成长过程中,人力资源管理发挥的作用越来越大,人力资源管理中的员工招聘、员工培训及企业薪酬水平均对企业成长有一定的影响。小微企业的组织结构效率由组织制度设计和人力资源管理组成。

在小微企业研发生产过程中,人才对技术、产品、市场及企业体制机制的创新,都在一定程度上影响着体育小微企业。体育小微企业通过网络关系进行交流和创新协作,一旦发现市场机会并能快速做出反应;企业利用外部网络资源能实现资源的共享互补,人力资源的机动性有利于物质、人力及组织资源的收集整理和配置。

在企业的高质量发展过程中,组织制度设计起着至关重要的作用。首先,组织制度设计相当于公司的基本骨架,能够将企业各个独立的部分连接起来进而形成一个有效整体,有利于企业的正常运转以及各人员、部门之间的合作。其次,清晰的组织制度设计能够明确企业部门、人员间的职位关系以及各自的职能分工,确保资源以及信息在企业内部的有效流通,提高企业的资源利用效率和生产效率,促进企业的高质量发展。最后,企业组织制度设计可以将企业决策分布到各个环节,能够在一定程度上约束各个层级的权利关系,进而规避风险,避免错误的业务决策,有利于企业的良性运行。

三、直接动力因素的影响机制分析

已有对企业成长的研究主要是分析企业的整个成长过程,强调的是企业整体,而对于影响因素以及各因素之间的关系及影响机制不明确,以至于目前关于企业成长的直接动力因素没有明确的来源。通过文献整理归纳,认为市场营销能力、技术创新能力和资源管理能力共同构成体育小微企业成长的直接动力因素。

(一)市场营销能力

市场营销以满足客户需求为核心,企业从事产品的生产、销售及售后服务等经营管理活动。市场营销过程包括对产品、服务或思想的开发及生产制作、定价与促销还有流通等,通过市场交易以满足客户需求。有效的市场营销能够促进企业成长,例如,国际市场曾认为日本企业所生产出来的产品质量低劣,在市场上是缺乏竞争力的。日本企业以敏锐的洞察力捕捉到市场机会,通过渗透战术努力开拓市场,采取避实就虚的手段在世界市场上占据了一席之地。日本企业最关键的成功因素是抓住市场机会制定策略,并开展市场营销活动,使一些企业迅速成长。

体育小微企业的成长与市场是紧密相连的。市场对体育小微企业既有约束,同时也有支持,企业的成立与成长都与市场机会息息相关,同时也要求企业采取积极的市场营销手段实现企业成长。体育小微企业由于规模小、资源要素吃紧,面对复杂的市场竞争,企业必须高度重视市场营销,密切关注技术及相关产品的市场需求情况,有效率地收集市场信息,分析预测该技术及相关产品的市场营销能力。然而市场营销所预测的收益只是目标市场的收益,是可能性的收入,能不能变成企业实际的利润,也取决于企业家资源禀赋、组织结构效率和企业外部环境,有关外部主体的帮助能促进企业更有效地把握市场,增强市场营销的有效性。企业家凭借自身资源禀赋把握市场营销的状况,企业家资源禀赋在管理市场营销能力和建设创新型组织中起着重要作用,企业家资源禀赋通过管理市场营销能力对企业的成长状况产生影响。组织结构效率影响企业对市场需求的应对能力。人力资源管理可以促使企业根据市场需求,管理企业的产品生产把握企业的发展方向。实践调查发现,有大量企业都实施全员营销,这样企业内每位员工对市场都有充分的接触,从而拥有市场营销能力。而企业对外部网络关系的合理应用,可以对相关市场信息进行有效了解,企业与外部其他网络结点间的沟通交流,有利于进行创新协作,也有助于更好地提高市场营销能力。

良好的营销模式能够通过有效的传播平台增强企业与消费者之间的互动,增加用户黏性,及时挖掘用户不断变化的现实需求与潜在需求,确立切实可行的企业经营与发展目标。主动提出零售模式,强调企业甲方只有用户,将企业发展与管理重点转移到用户需求上。以满足消费者需求作为商业价值根本,提升产品零售的体验价值。数据价值的意义在于通过数据分析挖掘用户的需求,从而帮助企业了解顾客,优化自身产品设计;融合价值即为灵活决策产品投放渠道,通过线上线下的融合推广使用户了解产品进而促进产品销售;文化价值则是企业与用户的黏合剂。

(二)技术创新能力

体育小微企业的技术创新能力对促进体育小微企业成长发挥积极的作用,技术创新能力因素是体育小微企业整个生命周期成长过程中的核心能力。现有国内外诸多研究指出,技术创新能力是企业成长的重要影响因素,且体育小微企业通过模仿创新所获得的核心技术对企业成长绩效产生了正向影响。通过对技术创新能力进行研究,深入分析技术创新能力与体育小微企业成长的关系,以及技术创新能力对体育小微企业成长的影响机制,发现体育小微企业的技术创新能力对小微企业成长存在显著的正相关关系。技术创新能力是影响体育小微企业成长的一个重要因素,此外,企业家资源禀赋、组织结构效率与企业外部环境也通过企业的技术创新能力促进了体育小微企业的成长。企业家可以有效推动体育小微企业进行技术创新,促进体育小微企业技术创新能力的提升和激发体育小微企业员工积极开展技术创新活动,有助于体育小微企业的成长。而体育小微企业组织结构的有效性可以促进体育小微企业技术创新能力的稳步提升,从而有利于体育小微企业成长能力增强。企业外部环境可以对企业技术创新能力产生积极影响,进而促进体育小微企业的成长,政府出台的鼓励体育小微企业创新创业的政策、政府及科研机构对体育小微企业提供的科技支持,以及金融机构相关优惠政策等均有利于促进企业技术创新能力的提升,最终促进体育小微企业的成长。

回顾我国体育产业的发展历程,大多数体育企业在发展之初都仅承担国外品牌的来料加工工作,自身品牌竞争力低下。究其原因主要是企业创新动力不足,产品竞争力低下。目前,我国传统的要素资本优势逐渐减退,要实现高质量发展就要求产业将旧的发展方式转变为以创新为驱动的发展模式。创新作为发展的第一动力,将推动产业开展新材料、新技术的研发与应用,以满足用户的消费需求,提升产业附加值。同时,创新驱动模式可以实现产业发展动能转换,即从原有的依靠模仿其他企业的技术和工艺转向自主研发和创新,不仅提升了要素资源的利用效率,还有利于产业抓住科技革命机遇,提高企业的竞争实力,进而不断迈向价值链中高端,提高产业的有效供给能力,促进产业高质量发展。体育产业只有大力研发新技术,大力度引进专业人才,才能提高企业科技研发能力、设计能力和质量管理能力。

(三)资源管理能力

企业通过合理管理现有的资源,从而促进企业的成长,同时企业成长过程也是企业对资源管理不断演进的无限过程。体育小微企业现有资源及其对资源的吸引能力是影响体育小微企业成长的核心因素。体育小微企业现有的必备资源以及合理的资源配置对体育小微企业成长发挥着重要作用。体育小微企业要实现成长也需要企业家资源禀赋、组织结构效率和企业外部环境等促进体育小微企业资源管理能力的提升。企业家资源禀赋影响体育小微企业的资源管理能力,体育小微企业成长过程中,企业资源的挖掘与有效配置不确定性很大。研究发现企业家捕捉市场机会的能力、企业家具备的选择资源及配置资源的能力影响了体育小微企业的成长。企业在资源管理过程中,可以调整组织结构以及对组织制度、管理办法等进行变更,提高组织结构效率,要求组织各成员能协调配合。有效的组织结构效率能提升体育小微企业资源管理能力,进而对体育小微企业成长发挥一定的作用。外部环境的积极作用有助于体育小微企业资源管理能力的提升。

四、外源动力因素机制分析

高质量发展的动力机制是指经济行为主体为实现高质量发展的经济目标所形成的相互独立联动的动力合力。对于产业发展而言,动力机制主要是指在实现高质量发展过程中,内、外部的各种力量总和相互作用、影响以持续推动目标实现而构成的一个动力结构系统。内源动力包括创新动力、改革动力、人才支撑力等，外源动力包括开放动力、要素支持力、需求拉动力等。粗放式的产业发展方式已经不能满足高质量发展的要求，不平衡、不协调、不持续问题急需解决，体育用品制造业应该充分挖掘发展动力，推动供给侧与需求侧的平衡发展，提高产品的竞争力，进而推动体育小微企业的高质量发展。

(一)国家政策、产业变革

目前，体育产业发展受到国家和政府的高度重视，众多的、与体育产业相关的产业政策不断出台。政策的制定与实施为体育制造业的高质量发展确立了目标，从整体视角规范了产业发展。同时，制度与政策将有利于弥补市场失灵，对企业及产业进行政策扶持，推动了创新驱动，保障了产业的高质量发展。在国家大力倡导发展先进制造业的背景下，体育用品制造与数字经济的融合不断加深，服务型制造逐渐成为发展方向。以信息技术发展为基础的数字经济融入体育制造业不仅增强了体育用品业的创新能力，拓展了新兴业态，推动了生产智能化发展，还有利于降低生产成本，提高生产效率。

(二)体育消费需求的升级

近年，我国经济势头发展迅猛，人民物质生活得到极大改善，进而开始追求更加美好的精神生活。同时由于缺乏运动而导致的"富贵病"使得人们意识到体育运动的重要性，在这一系列因素的促使下体育运动逐渐成为人们热捧的休闲方式，体育消费逐渐成为部分人生活之中必不可少的内容。鉴于用户需求不断变化，企业想要在激烈的市场竞争中占据优势，就必须以满足需求为出发点，创新自身产品及运营方式，从而适应消费主导市场的时代要求，从传统的引导消费向满足居民需求转变，实现供需关系平衡。需求的升级将推动产业衍生出新的发展领域，激发产业发展活力，并成为推动产业高质量发展的强大外源动力。

五、体育产业高质量发展动力因素的机制分析

体育产业发展中的多种内外源动力因素之间整合并相互作用、影响构成了其动力机制，推动了体育产业整体高质量发展。体育用品制造以满足人民的需求并实现自身发展为目标，发展从根本上受到用户需求增长与升

级的影响与推动。其中,创新动力是经济发展的第一动力。当前我国体育产业依靠人口红利、资源要素等优势已逐渐被东南亚等国家赶超。为了实现高质量的持续发展,产业发展必须走创新驱动道路。我国应大力提高人才培养力度,依托高科技人才实现核心技术创新、营销模式以及组织架构的转变,提高体育用品的科技含量,推动产品提质扩容,提升各生产要素的生产效率,实现发展方式从"要素驱动"向"创新驱动"转变;通过融合互联网技术等方式完善产品营销模式,促进体育产业与相关产业融合发展,努力发展体育制造新业态。同时,营销模式的转变将提高我国体育产业的品牌影响力与效应,延伸产业供应链向服务型制造业转变;通过组织架构的改革与创新,发挥企业员工的积极性与创造性,提高企业的运转、资源配置与利用效率,为企业的发展提供改革动力。

创新动力与改革动力作为主要的内源动力将提升体育制造企业产品与服务的质量,为顾客提供有效供给,满足人们不断增长的新型体育用品消费需求。企业的高质量产品与服务依托产业平台不仅可以加深产业集群化发展,还有助于吸引资源要素并推动产业创新,从而使体育用品制造业保持相对稳定的增长态势;通过外部规模经济有力地降低了企业的生产成本,依托产业平台的集群化发展具有较强的知识溢出效应,能够提升应对新常态下体育制造产业面临的去库存、降成本的能力,走创新驱动的产业集约型发展道路,进一步顺应当前传统制造业向服务型制造业转变的发展趋势,结合数字经济、互联网技术等为用户提供产品,满足人民日益增长的美好生活需求,同时产业趋势将作用于内源动力,引领并推动产业创新与改革。

国家政策在体育产业高质量发展中作为外源动力将在微观企业的人才培养、技术创新等方面提供政策保障,只有推动人才培养机制改革和技术创新投入,才能促进内源动力发挥效应,并作用于体育产业的其他外源动力,助力产业平台建设。制造业区别于其他产业具有明显的生产外部性,政策措施还将进一步规范产业发展中出现的问题,提高资源产出效率,不仅可以使产业发展向资源节约型转变,推动体育产业绿色协调可持续发展,还可以实现体育产业高质量发展目标。

第三节 体育小微企业动力机制的实现

由所有者动力、经营者动力以及劳动者动力叠加形成的企业动力推动企业成长发展的过程就是企业动力机制的功能作用过程,就一个生命体来说,动力越大,其生命力也就越为旺盛,它的生长和发展也就更为迅速。企业亦然。

根据力学原理,合力大小取决于两个因素:①分力的大小;②分力的作用方向。分力越大且作用方向一致,则合力越大;反之,分力较小,或分力虽大但作用方向不一致,则合力较小甚至表现为反作用。类似地,要使体育小微企业动力最大化,必须具备两个条件:一是使体育小微企业所有者、经营者、劳动者动力最大化,这是企业的动力之源;二是尽可能保持三者利益的一致性,同时尽力减弱三者利益分歧可能带来的消极影响,确保其动力作用方向一致,形成命运共同体,这是体育小微企业动力生成的条件。由此可见,为保证企业动力强度,发挥企业动力机制的功能作用,必须具有一系列能使体育小微企业的所有者、经营者、劳动者动力最大且相互作用最优化的规范和约定。这一系列规范和约定从其作用方式来看可分为硬作用者和软作用者。所谓"硬作用者"就是指体育小微企业所有者、经营者、劳动者都必须遵循的规定和章程,主要包括企业产权制度、企业领导制度、企业用工制度和企业分配制度;所谓"软作用者"是指体育小微企业文化,它从精神和价值取向上规定和影响所有者、经营者、劳动者的行为表现。因而,产权制度、领导制度、用工制度、分配制度及企业文化是保障体育小微企业动力机制实现的基本条件。

一、企业产权制度

企业产权制度是指企业财产所有权及由所有权派生出来的企业财产占有、支配、处置、收益等权利的制度总和。在现代市场经济条件下,体育小微企业所有者拥有财产的最终所有权,享有以其投入资本的多少来取得收益的权利和索取剩余的权利;企业拥有法人财产所有权,能够完整、独立地占有、支配、处置企业所有者的资本并获得部分收益,实现所有权和经营权的科学分离。企业产权制度的功能主要在于调整和规范企业所有者(包括国家)的行为,明确企业所有者和企业的权利与义务。一方面,体育小微企业所有者一旦将资本(财产)投入企业,即不再直接占有和支配这部分财产,也不能直接从企业抽回已投入的全部或部分资金,只能转让;为保证自己的财产权利,所有者以出资比例在董事会中占有相应的席位,参与企业经营的重大决策和对企业经营者的选择,但不得直接干预企业的经营管理活动;所有者以其投资比例参与企业的利益分配,并以其投资比例承受损失,在企业破产时按比例对债务承担有限责任。另一方面,企业拥有法人财产权,是独立享有民事权利、承担民事责任的法人实体,法人财产权是经营者开展经营管理活动所必须拥有的基础条件,企业能以其拥有的法人财产权进行自主经营、自负盈亏,实现企业所有者财产的保值和增值,保持和强化企业发展的动力。

二、企业领导制度

企业领导制度的主要作用在于明确划分股东(所有者)、董事会、经理人员(经营者)各自的权力和责任,用制度来规范有关人员的行为,从而避免管理上滥用职权,使企业经营稳定、有序。

股东大会作为企业的所有者,具有决定董事会人选和推荐、弹劾董事的权力。董事会产生后,股东大会不能对董事会的工作任意干预。

董事会作为企业的法人主体,对全体股东负责,以经营管理水平、工作经验和创利能力为标准挑选、聘任企业的经理人员,委托经理人员全权负责日常经营管理事务,并有对经理人员进行监督的责任和激励的权力。

经理人员受聘于董事会,根据董事会的要求全权负责企业的日常经营管理事务,在董事会授权范围内进行决策,其他人不能随意干涉。

在现代市场经济条件下,体育小微企业的实际控制权力在很大程度上掌握在经理人员手中。因此,按照所有者的利益和企业的经营目标对经营者进行选拔、任用、考核和奖惩也是企业领导制度的一项重要内容。在经营者的选拔上要打破各种界限,实行"唯才是举、竞争上岗"的原则;在经营者的任用上实行"责、权、利"相一致的原则[1],明确其应担负的责任、拥有的权力和相应的利益;对经营者的经营业绩进行全面而公正的考核,根

---

[1] 杨忠. 企业动力机制及其功能构造[J]. 南京大学学报(哲学社会科学版),1995(03):57-62.

据考核结果对经营者进行奖励和处罚,使其积极性和创造性得到充分发挥,保持体育小微企业发展动力最大化。

三、企业用工制度

体育小微企业为了满足对劳动力的需要,必须招收、录用、奖惩、辞退职工。职工是构成企业的基本要素之一,体育小微企业运行中的各项具体活动要靠职工来完成;企业运行目标的实现,利润的增长,技术进步等都离不开职工。职工的积极性、智慧和创造力是企业活力的重要源泉。

在社会主义条件下,企业是自由平等的劳动者的联合体,职工进入企业,是企业根据其生产经营活动的需要与具有自主权力和一定素质的劳动者双向选择的结果。一般来说,企业用工制度主要有两种:一是固定工制度,它的优点在于,一方面,企业的生产经营活动需要一支较为稳定、具有连续性的职工队伍,这是企业生存发展的重要条件;另一方面,稳定的工作对职工起着重要的激励作用。二是合同工制度,由企业与劳动者之间签订劳动合同,建立劳动关系。合同工制度应是企业用工的主要形式。这是因为:①企业职工队伍素质的提高,职工队伍结构的改善有赖于职工队伍的优胜劣汰、不断更新,通过聘用具有新知识、新技能,富有时代气息和挑战精神的职工,为企业注入生机和活力;②订立劳动合同有利于促使职工发挥其积极性和创造性,做出更佳的工作业绩。故体育小微企业应实行以合同工为主,两种用工方式相结合的用工制度。

四、企业分配制度

体育小微企业分配包括两个方面的内容,一是为了补偿企业职工(企业经营者、劳动者)从事生产经营活动的劳动耗费,从企业成本中支付给职工的工资收入;二是企业经过一段时间的所取得的、扣除了各种消耗及税费后的经营成果在企业所有者及企业经营者、劳动者之间的分配。由于经济利益在企业所有者、经营者、劳动者的心目中占有极为重要的地位,企业动力能否生成并保持和强化取决于其利益能否得到满足及满足的程度,因而企业分配是体育小微企业动力机制实现的关键环节。

企业分配必须遵循一定的原则,内容如下。

第一,投入决定收益原则。在社会主义市场经济条件下,社会承认非公有制经济成分的合法性,以这种合法分配关系为基础的各种获利形式也就有了合理的依据。因而,只要企业职工投入了生产要素(如资本等),就应依据其投入参与企业的利润分配。

第二,体现劳动质量差别的原则,即根据体育小微企业职工在生产经营活动中的劳动责任大小、劳动复杂程度、劳动苦累程度及劳动量大小确定职工收入。其中,经营者的收入要与其经营管理企业所承担的经营风险和创造性劳动相一致。鉴于经营者的经营成果要经过一段时间才能得到反映,故经营者的收入应实行年金制,由董事会根据其知识才能、社会影响等确定,对其奖励应根据经营者一段时间的经营绩效由董事会确定。

第三,为调动企业经营者和劳动者的积极性,当体育小微企业的效益较好时,企业所有者应允许从利润中提取一定比例作为奖励分配给职工,激励企业职工为提高企业效益而努力工作。

第四,体现企业职工的积累贡献的原则。由于体育小微企业效益增加来源于企业的积累(扩大再生产),而企业的积累又是职工在过去的生产经营活动中所做的贡献,因而在企业成果的分配中,这种累积贡献应该得到反映。这也是增强企业职工向心力和凝聚力的重要途径。在企业实行股份制改组时,劳动者过去的这种累积贡献应转化为一定数量的股份。

五、企业文化

体育小微企业文化是企业长期形成的共同思想作风、价值观念和行为准则,是一种具有企业个性的信念和行为方式。它由三个层次构成:物质文化层,包括企业生产经营的物质基础,诸如厂容厂貌、机器设备的整齐清洁,以及生产经营产品的造型、外观、质量等,它是企业文化的物质体现和外在表现;制度文化层,包括企业领导体制、人际关系及其为开展正常生产经营活动所制定的各项规章制度,它是企业物质文化和精神文化的中介;精神文化层,包括用以指导企业开展生产经营活动的各种行为规范和价值观念、企业的群体意识和职工素质等,是企业文化的内核。

企业文化具有多元功能和重要的社会价值,在市场经济条件下,企业文化将决定企业的兴衰和在市场竞争中的成败。它贯穿于企业活动的全过程,是体育小微企业动力机制能否实现的重要方面。

体育小微企业文化建设是体育小微企业经营战略中的一项长期、艰巨、细致的系统工程。要想增强企业活力,发挥企业动力机制的功能作用,调动职工的积极性、创造性,就必须要把企业文化建设置于企业管理的先导地位。

企业文化建设首先要求企业经营者高度重视。其次,制订出企业文化发展计划,并采取切实有效的措施;再次,进行广泛的舆论宣传,用现代先进管理思想影响、引导全体职工,以便形成共同的价值观;最后,把企业文化予以规范化、制度化,建立、健全各项管理制度,使之成为企业管理的重要组成部分。

六、体育小微企业动力机制的优化

(一)成立制度建设及绩效评审小组

面对迅速变化的环境,为了确保制度的可行性及绩效评价的客观性,体育小微企业有必要成立制度建设及绩效评审小组,修改或补充过时的规章制度,制定新的规章制度,保持制度的适应性和前瞻性;同时,由绩效评审小组在每年年终或项目结束后依照规章制度评审各部门甚至各岗位的工作完成情况,以便确定奖罚力度。这样可以确保奖惩的依据更充分、更合理,让受奖者心安理得、被罚者心悦诚服,使企业的动力机制真正发挥作用。

(二)严格维护约束机制的尊严

体育小微企业各种约束制度一经制度建设委员会通过,一定要严格执行。不管是什么人,一旦违反,坚决按制度处理,决不能心慈手软,更不能因人而异。否则,所有制度将会一溃全溃。

(三)让所有员工享有广泛的知情权

笔者在一些体育小微企业了解到,很多员工并不完全知道企业有哪些规章制度,甚至不了解部门的管理制度。造成这一现象,主要是由于企业的快速发展,员工的内部流动性增加,而管理层又忽视了各项规章制度的及时传达,没有起到激励员工的作用。因此,管理层有必要及时地让广大员工知晓企业和部门的各项规章制度,使他们在工作中有意识地规范自己的行为,只有这样,才能实现管理层有效管理的目的。

(四)物质激励渐增

在员工整体收入水平较低的情况下,物质激励措施可能会收到很好的成效。但当整个社会经济水平提高、员工的收入水平也提高以后,若想达到同样的激励效应,就必须提高物质激励力度,才能达到预期的激励效果,调动员工为获得再次激励而努力工作的积极性。

参考文献
REFERENCES

[1]曹玉河.科技型中小企业创业成功关键因素研究[D].苏州:苏州大学,2007:22-23.

[2]陈盼.基于序参量的高耗能产业群循环经济协同发展评价研究[D].昆明:昆明理工大学,2013:21-22.

[3]邓陈亮.四川民族地区体育小微企业发展现状调查研究[J].体育世界(学术版),2019(12):5-6.

[4]付东,李旻."一带一路"背景下四川省体育产业发展路径研究[J].成都体育学院学报,2021,47(04):93-99.

[5]郭泽光,郭冰.企业增长财务问题探讨——股票发行、企业负债与企业增长的关联分析[J].会计研究,2002(07):11-15+65.

[6]哈肯.协同学.[M].上海:上海译文出版社,1980:114-115.

[7]哈肯.协同学——自然成功的奥秘.戴鸣钟译.[M].上海:上海科学普及出版社,1988:113-114.

[8]姜鸣凤.高技术衍生企业利益相关者管理能力研究:创业伦理的视角[D].大连:大连理工大学,2020:16-17.

[9]李凌,曹可强,张瑞林.区域异质性视域下体育消费发展的内涵特征、动力机制与现实路径[J].体育学研究,2022,36(02):41-51.

[10]李盼道,徐芙蓉.公共产品供给的理论逻辑与实践[J].西安石油大学学报(社会科学版),2019,28(04):15-27.

[11]李雪蛟.西安市体育用品销售型小微企业成长发展影响因素研究[D].西安:西安体育学院,2017:15-16.

[12]李允尧.超越生命周期的企业持续成长模型[J].矿冶工程,2005(03):91-94.

[13]林立."互联网+"时代促进居民体育消费策略探讨[J].边疆经济与文化,2022(04):41-44.

[14]刘刚.供应链管理环境下企业组织结构的变革[J].甘肃社会科学,2005(01):173-176.

[15]刘济浔.新创企业决策逻辑的研究[D].杭州:浙江工业大学,2020:11-12.

[16]刘玉丽.借力与平衡[D].长春:吉林大学,2020:21-22.

[17]吕强.初创企业知识搜索、创业能力与创业绩效的关系研究[D].杭州:浙江财经大学,2020:21-22.

[18]汤谷良,游尤.可持续增长模型的比较分析与案例验证[J].会计研究,2005(08):50-55.

[19]汤学俊.经济管理系列企业可持续成长的途径[M].北京:社会科学文献出版社,2007:65-66.

[20]王珮琪.我国中小企业发展的影响因素分析[J].山西农经,2019(16):122+124.

[21]王涛,任荣.基于资源与能力演进的企业成长研究[J].兰州学刊,2008(08):81-84.

[22]魏明侠,赵艳,夏雨.P2P网贷风险演化:基于平台和监管方的博弈[J].管理评论,2021,33(03):54-65.

[23]肖海林,彭星闾,王方华.企业持续发展的生成机理模型:基于海尔案例的分析[J].管理世界,2004(08):111-118.

[24]徐东峰.小微企业减税降费政策执行中存在的问题与对策研究[D].曲阜:曲阜师范大学,2021:17-18.

[25]徐严明,陈洋.浅析国发46号文对体育用品制造业的影响[J].西部皮革,2018,40(02):55.

[26]杨杜,等.管理学研究方法[M].大连:东北财经大学出版社,2013:142-143.

[27]杨曼.我国小微企业发展研究[D].延安:延安大学,2014:14-15.

[28]杨添朝,刘天.四川省体育无形资产的开发与保护研究[J].当代体育科技,2018,8(15):156-159.

[29]杨忠.企业动力机制及其功能构造[J].南京大学学报(哲学社会科学版),1995(03):57-62.

[30]张永钢.动态环境下组织资源对战略转移影响的实证研究[D].西安:西安理工大学,2006:11-12.

[31]张俞.共享金融视角下网络融资对小微企业成长的影响研究[D].济南:齐鲁工业大学,2020:22-23.

[32]朱开悉.论财务报告重心的转移:从财务资源到财务能力[J].贵州财经学院学报,2002(02):61-64.